练就超强大脑！

经典**火柴棒**

智力游戏大全

于雷 编著

人民邮电出版社

北京

图书在版编目（ＣＩＰ）数据

练就超强大脑！经典火柴棒智力游戏大全 / 于雷编
著. -- 北京：人民邮电出版社，2024.3
ISBN 978-7-115-63608-9

Ⅰ．①练… Ⅱ．①于… Ⅲ．①智力游戏 Ⅳ.
①G898.2

中国国家版本馆CIP数据核字(2024)第028509号

免 责 声 明

作者和出版商都已尽可能确保本书技术上的准确性以及合理性，并特别声
明，不会承担由于使用本出版物中的材料而遭受的任何损伤所直接或间接产生
的与个人或团体相关的一切责任、损失或风险。

内 容 提 要

火柴是一种日常生活中的常见物品，用火柴（或者其他一些长度相同的细
木棍）可以摆出各种有趣的图形、文字、数字、运算符号等，再通过添加、去
除或移动火柴，可以使图形、文字、数字、运算符号产生各种不同的变化，这
就是很多人都着迷于火柴游戏的原因。本书汇集了 400 余个有趣又健脑的火
柴游戏，添加 1 根火柴可以变出新的图形，移动 1 根火柴可以让等式成立……
火柴游戏可以让我们变得更聪明、更快乐！快来试一试吧！

◆ 编　著 于 雷
　　责任编辑 林振英
　　责任印制 彭志环
◆ 人民邮电出版社出版发行　　北京市丰台区成寿寺路 11 号
　　邮编 100164　　电子邮件 315@ptpress.com.cn
　　网址 https://www.ptpress.com.cn
　　涿州市般润文化传播有限公司印刷
◆ 开本：787×1092　1/32
　　印张：7　　　　　　　　　　2024 年 3 月第 1 版
　　字数：172 千字　　　　　　2025 年 8 月河北第 5 次印刷

定价：39.80 元

读者服务热线：(010)81055296　印装质量热线：(010)81055316
反盗版热线：(010)81055315

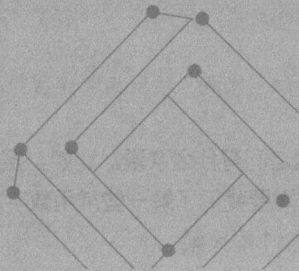

火柴，曾经是生活中再常见不过的工具。它除了用来生火，还可以用来做什么呢？当然是用来做游戏！

还记得我小时候，最喜欢的游戏之一就是火柴游戏。那时父亲总是不断地出题考我，我绞尽脑汁地想啊想，解出题目被父亲夸奖时，感觉特别得意。

火柴游戏大体可以分为两种：一种是摆拼类游戏，即摆出各种图形、图案、文字、数字等；一种是变换类游戏，即图形变换、数字变换、算式变换。

火柴可以摆出许多图形、图案，不仅限于生活中的物品，如花草树木、房屋家具、各种动物等，还有几何图形，如三角形、四边形、多边形等。火柴还可以摆出各种文字、数字等。只有你想不到的，没有你摆不出的！

通过增减移动几根火柴，使它们之间出现一些有趣的变化，这样的火柴游戏有很多。例如，通过增减、移动火柴来变换图形、改变面积，通过移动火柴使小动物转向，通过增减、移动火柴来使等式成立……

最常见的火柴游戏就是用火柴摆成一个错误的数字等式，通过增减、移动火柴使得等式成立。这些数字和符号，在增减或移动火柴后是可以相互转化的。只要我们熟悉这一点，就能够快速准确地玩好这种火柴游戏。

这就需要我们注意在火柴游戏中，0~9 这 10 个数字都是如何摆成的，它们之间有什么联系。比如，摆好了5，怎么可以把它变成数字6。这就需要我们了解一些常用数字之间的转化。

1. 添加1根火柴

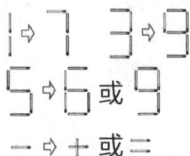

1➡7　3➡9

5➡6 或 9

一➡十 或 二

2. 去掉1根火柴

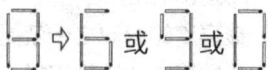

8➡6 或 9 或 0

3. 移动1根火柴

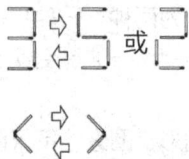

3➡5 或 2

　　这是火柴游戏的基础，熟悉并且牢牢记住这些结论，对我们快速准确地解决这类火柴游戏大有益处。

　　我整理了400多个经典有趣的火柴游戏给所有喜欢火柴游戏的朋友，供大家自娱自乐，或者陪家人一起玩一玩、乐一乐。建议您在读这本书的同时，最好也拿出火柴（或牙签、棉签等小棒）亲自摆一摆、挪一挪。

　　火柴游戏不受场地和时间的限制，只要有几根火柴就可以进行。火柴游戏寓知识、技巧于游戏之中，可启迪你的智慧，开阔你的思路，丰富你的业余生活。

　　移动1根火柴可以变出新的图形，移动1根火柴可以让等式成立，玩火柴游戏可以让我们变得更聪明。在游戏中我们可以长见识，长智慧，让我们一起来玩吧！

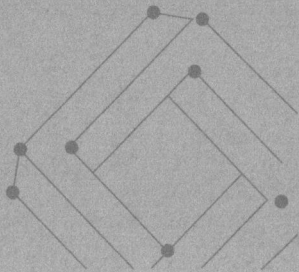

目录

第一章

图形摆拼

　　用火柴可以摆拼出许多图形，不仅限于一些简单的几何图形，如三角形、四边形、多边形等，还可以摆出各种生活中的图形，像房子、家具、各种动物造型等。只要你发挥想象力，就能创造出无限的可能性。

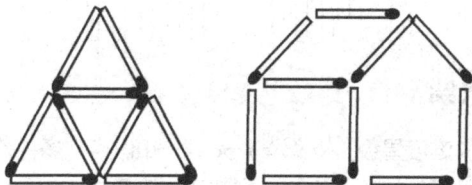

　　为了增加难度，有时我们可能要用特定数量的火柴棒摆出特定数量的图形，或者发挥我们的想象力，用最少的火柴棒摆出最多的图形。

　　需要注意的是，在玩火柴游戏时一定要物尽其用，即题目要求用多少根火柴，就用多少根火柴。这些火柴一定是有用的，不能有剩余。

　　很多人都喜欢玩火柴棒游戏，也都愿意"大展身手"，但如果你只用"手"，就是"乱试一通"了！想做好火柴棒游戏，我们要做到"三用"：用眼、用脑、用手。首先用眼睛观察给出的条件，然后用大脑思考问题，分析方法，找出可能的解决方案，最后才用手去尝试。错了也没关系，我们可以重新来过，再观察、思考、分析、尝试。

练习图形的摆拼对我们的观察能力、推理能力、动手能力和想象能力等的训练都是非常有帮助的。

1. 12 根火柴

中级　　难度星级：☆☆☆★★　　知识点：最值的条件

下面有 12 根火柴，请问如何摆可以让它们拼成的正方形数量最多？

2. 14 根火柴

初级　　难度星级：☆☆☆☆★　　知识点：多种答案

摆出下图所示的 4 个大小一样的正方形需要 14 根火柴。还是用 14 根火柴，不许多也不许少，摆出 4 个大小一样的正方形，请问还有其他的办法吗？

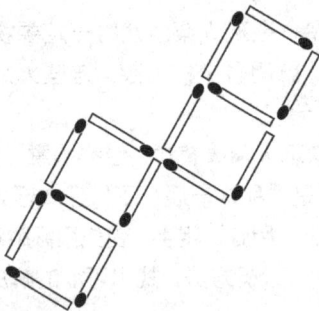

3. 搭图形（1）

中级 难度星级：☆☆☆★★ 知识点：内部

我们把1根火柴的长度设为1，你能用12根火柴，搭出一个面积为9的正方形？你能用12根火柴，搭出一个面积为4的正方形吗？请问分别怎样搭？

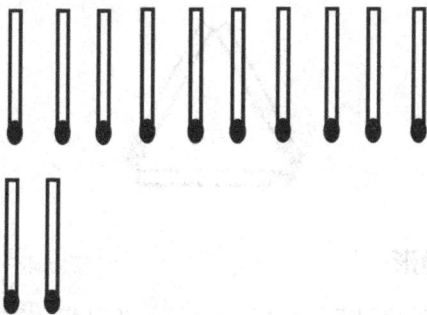

4. 搭图形（2）

中级 难度星级：☆☆☆★★ 知识点：周长与面积的关系

我们把1根火柴的长度设为1，你能用12根火柴，搭出一个面积为5或7的图形吗？请问怎样搭？

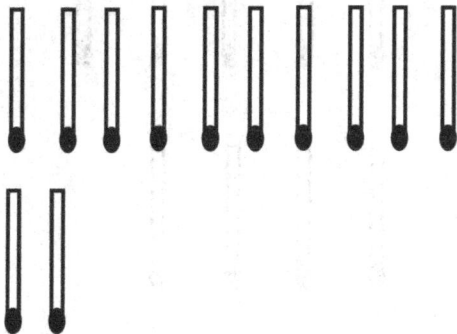

5. 4个三角形

中级　　难度星级：☆☆★★★　　　知识点：立体思维

用3根火柴很容易摆出一个等边三角形，现在有6根火柴，请问怎样可以摆成4个一样的等边三角形？

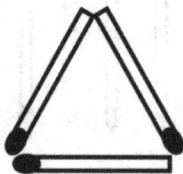

6. 5个三角形

初级　　难度星级：☆☆☆☆★　　　知识点：公共边

用9根火柴摆出一个图形，使它含有5个等边三角形。你会摆吗？

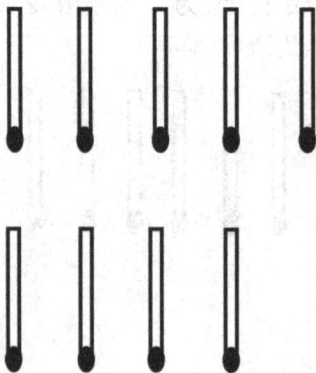

7. 8个三角形

中级   难度星级：☆☆☆★★   知识点：交叉

你能用6根火柴摆出8个正三角形吗？

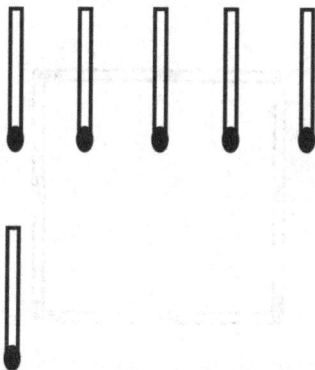

8. 多多益善

高级   难度星级：☆★★★★   知识点：立体思维

这是用9根火柴拼成的3个等边三角形，请你移动火柴，看看最多能拼出几个等边三角形？

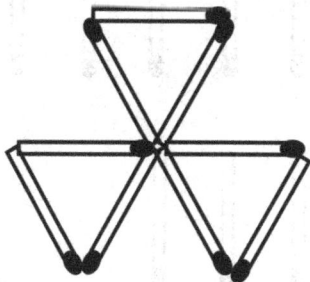

9. 摆图形（1）

中级　　难度星级：☆☆☆★★　　知识点：多种答案

用 8 根火柴可以摆成一个如下图的正方形。现添加 2 根火柴，即用 10 根火柴能摆出一个与这个正方形同样大小的图形，你知道怎么做吗？

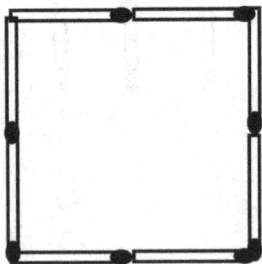

10. 8 根火柴

中级　　难度星级：☆☆★★★　　知识点：交叉

你能用 8 根火柴摆出 8 个大小一样的三角形和 2 个大小一样的正方形吗？

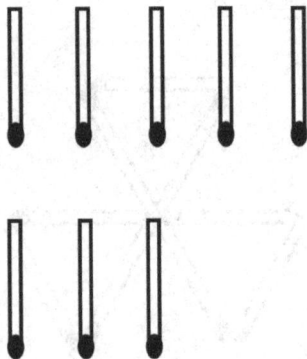

11. 完成任务

高级　　难度星级：★★★★★　　知识点：交叉

小猴拿着 10 根火柴在院子里摆弄，小兔问它在干什么，小猴说要完成妈妈交给它的任务：用 10 根火柴拼成一个含有 10 个三角形，2 个正方形，2 个梯形和 5 个长方形的图形。可小猴怎么也拼不出来，小兔拿过火柴，马上就拼成了。

你知道怎么拼吗？

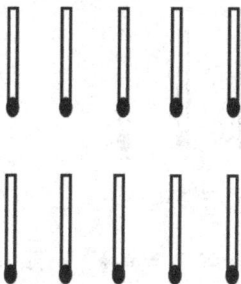

12. 摆小孩

中级　　难度星级：☆☆★★★　　知识点：形象思维

发挥你的想象力，用10根火柴拼出一个小孩儿。你知道怎么拼吗？

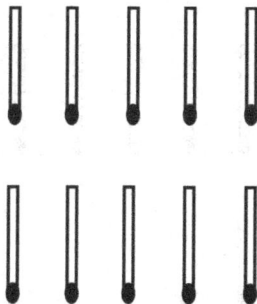

13. 摆帆船

中级　　难度星级：☆☆★★★　　知识点：形象思维

发挥你的想象力，用 8 根火柴拼出一艘帆船。你知道怎么拼吗？

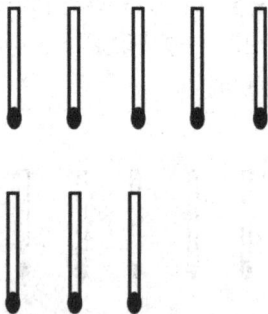

14. 摆松树

中级　　难度星级：☆☆★★★　　知识点：形象思维

发挥你的想象力，用 11 根火柴拼出一棵松树。你知道怎么拼吗？

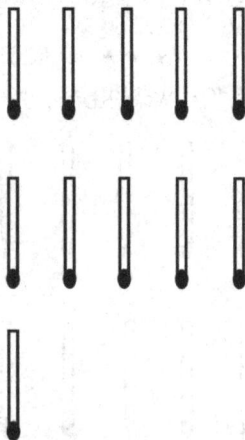

15. 摆蝴蝶

高级　　难度星级：☆★★★★　　知识点：形象思维

发挥你的想象力，用 15 根火柴拼出一只蝴蝶。你知道怎么拼吗？

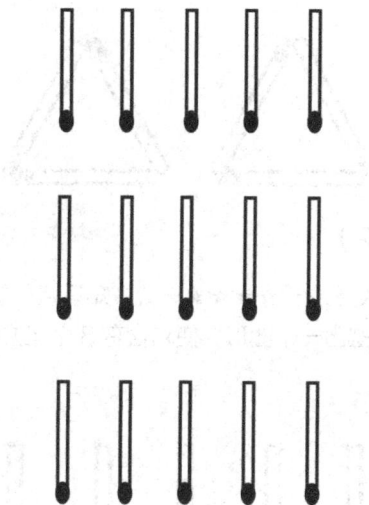

16. 搭三角形（1）

初级　　难度星级：☆☆☆☆★　　知识点：图形交叉

用 6 根火柴搭 2 个三角形很简单，那么你能用 6 根火柴搭出 3 个三角形吗？

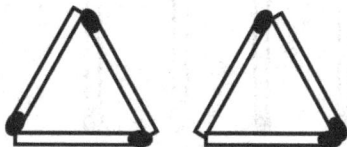

17. 搭三角形（2）

中级　　难度星级：☆☆☆★★　　知识点：图形交叉

用6根火柴搭2个三角形很简单，那么你能用6根火柴搭出8个三角形吗？

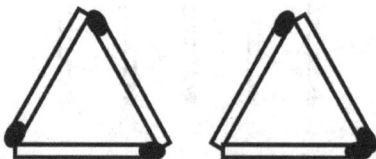

18. 摆图形（2）

高级　　难度星级：☆★★★★　　知识点：重复利用

用9根火柴摆出一个图形，使它含有3个正方形和7个长方形（不算正方形）。

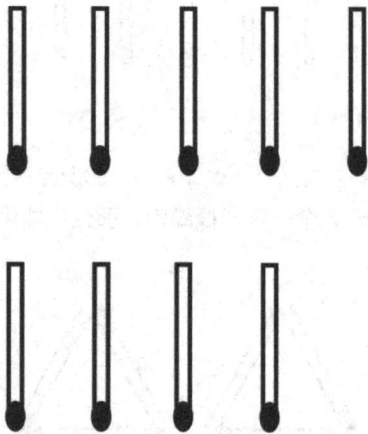

19. 摆等边三角形（1）

中级　　难度星级：☆☆☆★★　　知识点：公共边

如何用 13 根火柴摆成含有 6 个等边三角形的图形。请给出一种摆法。

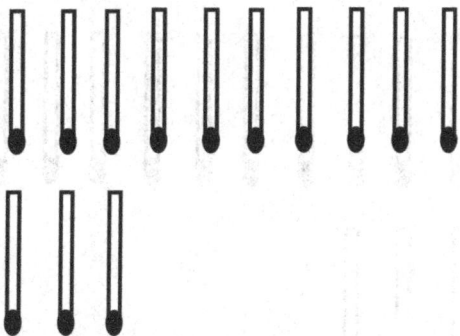

20. 摆等边三角形（2）

中级　　难度星级：☆☆☆★★　　知识点：公共边

如何用 13 根火柴摆成含有 7 个等边三角形的图形。请给出一种摆法。

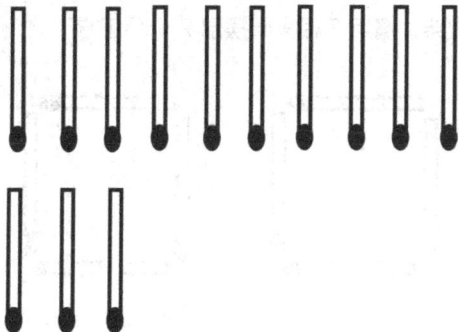

21. 摆等边三角形（3）

中级　　难度星级：☆☆☆★★　　知识点：公共边

如何用 13 根火柴摆成含有 8 个等边三角形的图形。请给出一种摆法。

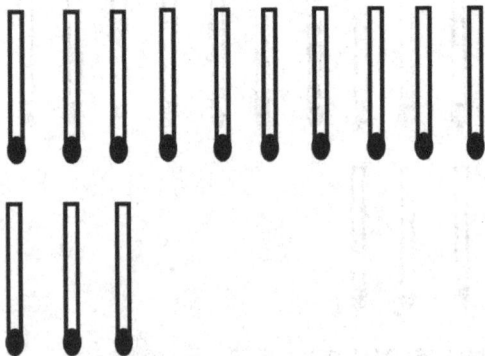

22. 摆火柴（1）

初级　　难度星级：☆☆☆☆★　　知识点：公共边

我们知道摆一个正方形需要 4 根火柴，所以摆 2 个独立的正方形需要 8 根火柴。请用 7 根火柴摆出 2 个小正方形。

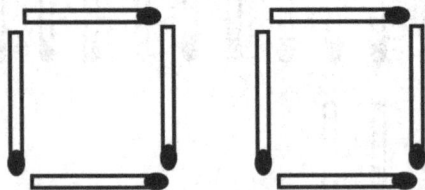

23. 大小相同（1）

初级　　难度星级：☆☆☆☆★　　知识点：公共边

如下图所示，用 16 根火柴可以摆出 4 个大小相同的正方形。请问如何用 15 根火柴，仍然摆成 4 个大小相同的正方形？

24. 大小相同（2）

初级　　难度星级：☆☆☆☆★　　知识点：公共边

如下图所示，用 16 根火柴可以摆出 4 个大小相同的正方形。请问如何用 14 根火柴，仍然摆成 4 个大小相同的正方形？

25. 大小相同（3）

初级　　难度星级：☆☆☆☆★　　知识点：公共边

如下图所示，用 16 根火柴可以摆出 4 个大小相同的正方形。请问如何用 13 根火柴，仍然摆成 4 个大小相同的正方形？

26. 大小相同（4）

初级　　难度星级：☆☆☆☆★　　知识点：公共边

如下图所示，用 16 根火柴可以摆出 4 个大小相同的正方形。请问如何用 12 根火柴，仍然摆成 4 个大小相同的正方形？

27. 需要几根火柴

初级　　难度星级：☆☆☆☆★　　知识点：几何图形

用火柴摆出一些我们学过的图形（三角形、正方形、长方形），数一数最少需要用多少根火柴？如果需要摆出 2 个同样的图形，最少需要用几根火柴？

28. 九角星

中级　　难度星级：☆☆★★★　　知识点：五角星

这个五角星是由 10 根火柴组成的，拿走其中的 1 根火柴，并将剩余的火柴重新摆放，使五角星变成一个九角星。你知道怎么做吗？

29. 摆图形（3）

中级　　难度星级：☆☆★★★　　知识点：交叉

用 9 根火柴，怎样摆放，才能摆出 6 个正方形？

30. 拿掉2根

初级　　难度星级：☆☆☆☆★　　知识点：图形的拆分

下图是用18根火柴组成的6个相等的正方形，拿掉其中的2根火柴，使它留下4个同样的正方形。

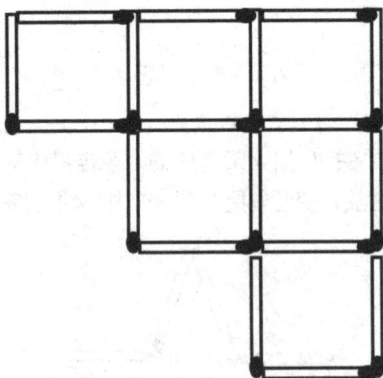

31. 移动火柴

中级　　难度星级：☆☆★★★　　知识点：平移

下图是由15根火柴组成的图形。请你移动2根火柴，使它变成6个正方形。你知道怎么做吗？

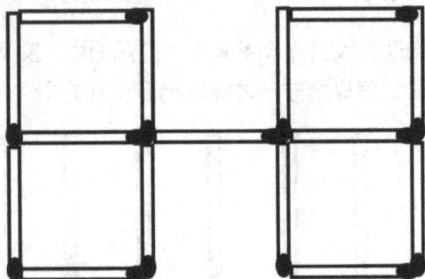

32. 4 变 2

中级　　难度星级：☆☆★★★　　知识点：图形的拆分

如下图所示，用 13 根火柴可以组成 4 个正方形。你能移走其中的 3 根火柴，然后在剩余的火柴中，移动其中的 2 根，使正方形的数量为 2 吗？

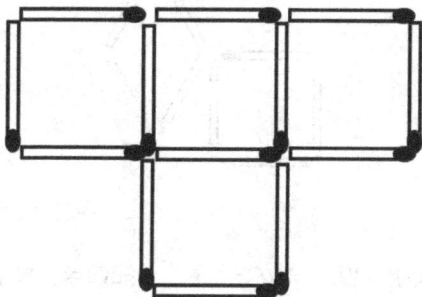

33. 5 变 4

中级　　难度星级：☆☆★★★　　知识点：拆分

移动 2 根火柴，使下面的 5 个正方形变成 4 个。你知道该怎么做吗？

34. 无中生有

中级   难度星级：☆☆★★★   知识点：公共边

下图是一个正方形和一个菱形，移动 3 根火柴，使图中增加 2 个等边三角形。你知道该怎么做吗？

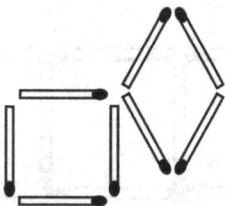

35. 摆数字

初级   难度星级：☆☆☆☆★   知识点：数字的摆法

拿出火柴摆一摆 0~9 这些数字，摆完之后数一数，哪几个数字所用到的火柴根数是相同的？分别是多少根？

36. 小树变鱼

中级   难度星级：☆☆★★★   知识点：形象思维

下图是一个由 9 根火柴拼成的小树，请移动 2 根火柴，使小树变成一条小鱼。你知道怎么做吗？

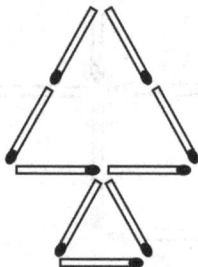

37. 拼正方形

中级　　难度星级：☆☆★★★　　知识点：大小相等

用24根火柴拼正方形，可以分别拼成6、9、16、27个正方形，甚至最多可以拼成 50 个大小相等的正方形，你说可能吗？

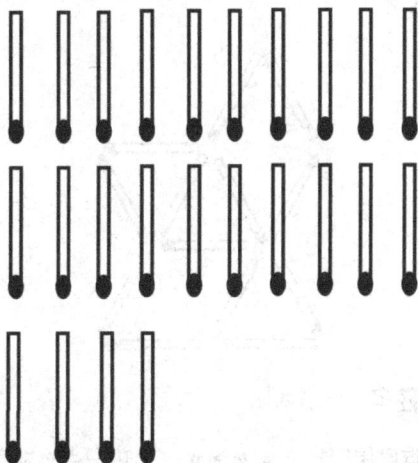

38. 相同的三角形

中级　　难度星级：☆☆★★★　　知识点：重新排列

移走1根火柴并重新排列剩下的火柴，使图形变成 6 个完全相同的三角形。

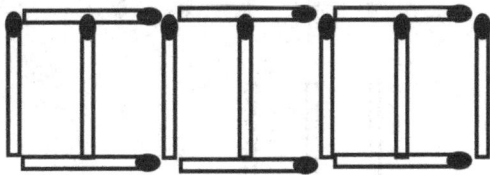

39. 数量翻倍

中级　　难度星级：☆☆★★★　　　知识点：找梯形

用 13 根火柴可以摆成如下图所示的图形，其中有 3 个形状和大小一样的梯形，现在请你移动其中的 2 根火柴，使梯形的数量翻倍。你知道怎么做吗？

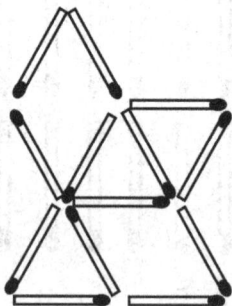

40. 艰巨的任务

高级　　难度星级：☆★★★★　　　知识点：发散思维

你能用 8 根火柴拼成 2 个大小不一样的正方形和 4 个大小一样的三角形吗？

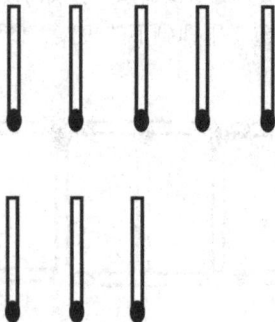

41. 直角三角形

中级 难度星级：☆☆★★★ 知识点：直角三角形

你能只用 6 根火柴摆出 12 个直角三角形吗？

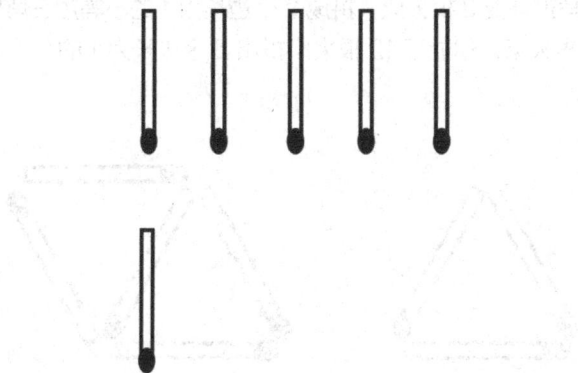

42. 解决疑难

中级 难度星级：☆☆★★★ 知识点：立体思维

如何用 9 根火柴组成 3 个正方形和 2 个三角形？

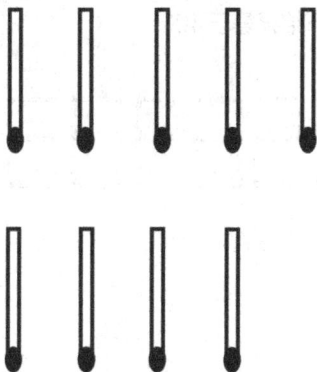

43. 6个三角形

中级　　难度星级：☆☆☆★★　　知识点：公共边

如下图所示，如果1根火柴长度为1，那么拼成边长为1的小等边三角形需要3根火柴，拼成2个边长为1的小等边三角形最少需要5根火柴。你能用12根火柴拼出6个边长为1的小等边三角形吗？

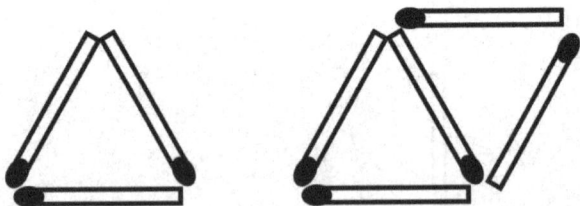

44. 加符号

中级　　难度星级：☆☆★★★　　知识点：整体法

请用6根火柴摆出运算符号（加号或减号）放到下式中的合适位置，使最终的计算结果等于100。

45. 拼正方形

中级　　难度星级：☆☆★★★　　知识点：公共边

如下图所示，用 12 根火柴可以摆出 3 个正方形。如果减少火柴数，即用 11 根火柴摆出 3 个正方形，应该怎么摆呢？用 10 根火柴摆出 3 个正方形，应该怎么摆呢？

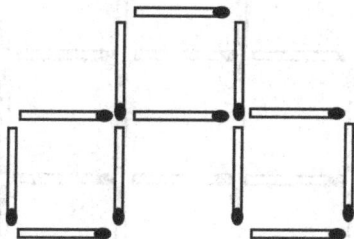

46. 摆火柴（2）

中级　　难度星级：☆☆★★★　　知识点：图形的拆分

用火柴摆成下面的图形。

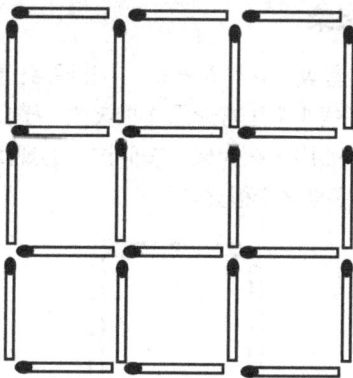

拿掉其中的 4 根火柴，使剩下的图形中只有 4 个正方形。

47. 摆火柴（3）

中级　　难度星级：☆☆★★★　　知识点：图形的拆分

用火柴摆成下面的图形。

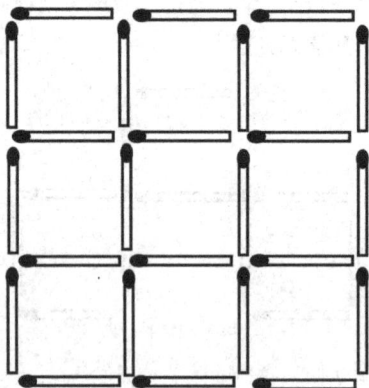

将在上一题中摆出的 4 个正方形，再移动 2 根火柴，使其变成 6 个正方形。

48. 需要多少火柴

中级　　难度星级：☆☆★★★　　知识点：数列

如下图所示，摆 1 个正方形需 4 根火柴，横看摆 2 个正方形可以共用 1 根火柴，即用 7 根火柴。按照这样的规律一直摆下去，摆 n 个这样的正方形需要多少根火柴？

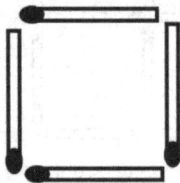

49. 连接方式

中级　　难度星级：☆☆★★★　　知识点：发散思维

游戏规则：将平面中的 2、3、4 个圆点，用火柴相连，共有几种可能的连接方式？限制条件只有 1 个，即每根火柴的两端，必须各有 1 个圆点。

当圆点数为 2 时，只有 1 种连接方式（如下图所示）。

当圆点数为 3 时，有 2 种连接方式（如下图所示）。需要注意的是，在左边的结构中，两旁的火柴都可以绕中间的圆点转动，进而产生各种不同的变形，按照拓扑学的观点，这些变形是等价的。

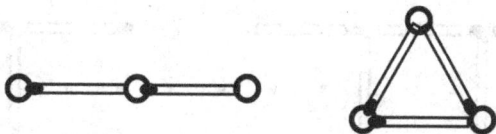

那么，当圆点数为 4 时，共有几种连接方式？分别是什么样子的？找些火柴试一试吧。

50. 摆正方形

高级　　难度星级：★★★★★　　知识点：用字母表示数

现有 a 根相同的火柴，如果按下图摆放，恰好可以摆成 m 个正方形。

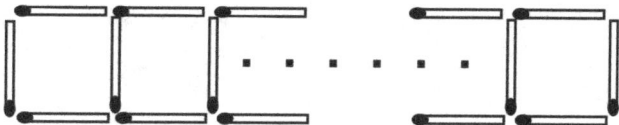

如果按下图摆放，恰好可以摆成 2n 个正方形。

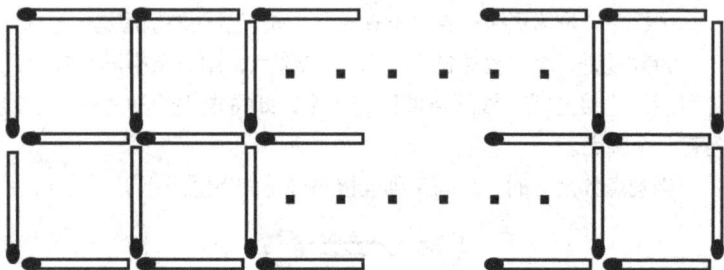

（1）请你用含 n 的代数式来表示 m；

（2）如果这 a 根火柴恰好还能摆成如下图所示的形状，求 a 的最小值。

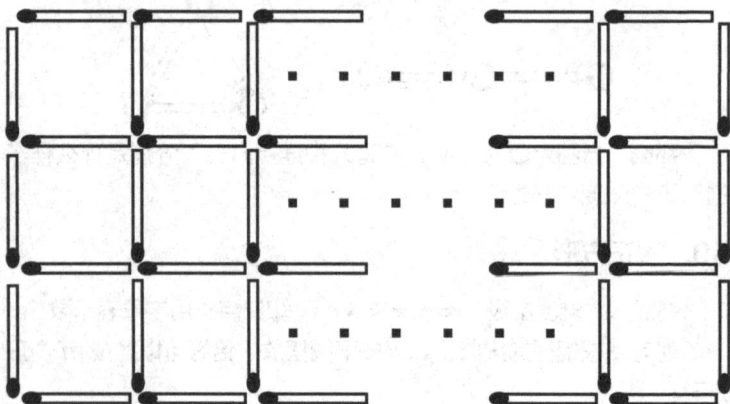

第二章

文字造型

人们常用火柴来摆图形，设计出许多有趣的游戏。不仅如此，我们还可以用火柴摆成各种文字造型，其内容变化多端，丰富多彩，比如汉字"日""田"，英文字母"E""H""M"等，同时还有各种数字，像罗马数字、阿拉伯数字……比如0~9这10个阿拉伯数字，就可以有几种不同的摆法。下面是一些常用的数字和运算符号摆法。

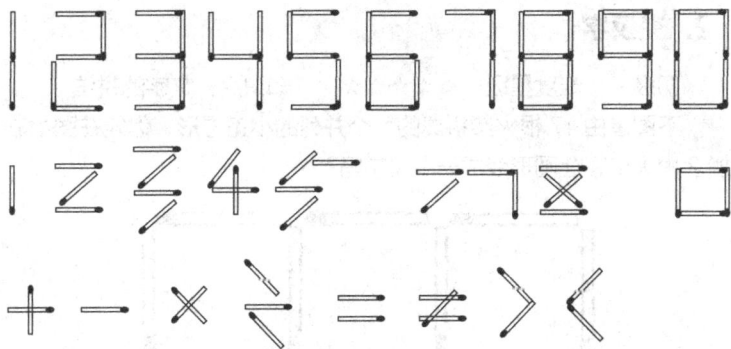

上面第一种数字的摆法是最常见的，也是很多数码显示屏上数字的表示方法。我们在电子钟表、电梯的楼层显示器等数码显示屏上面经常会看到。

用2根火柴棒可以摆成1，用3根火柴棒可以摆成7，用4根火柴棒可以摆成4，用5根火柴棒可以摆成2、3和5，用6根火柴棒可以摆成 0、6 和 9，用 7 根火柴棒可以摆成 8……真有趣！

51. 变省份名

中级　　难度星级：☆☆☆★★　　知识点：猜谜

下图是用火柴拼成的图形，移动其中的 3 根火柴，使它变成一个省的名称（两个字）。你知道怎么移动吗？

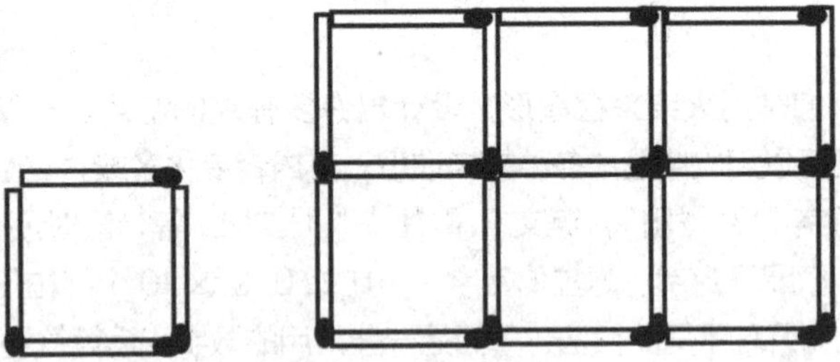

52. 变汉字

初级　　难度星级：☆☆☆☆★　　知识点：文字的拼法

下图是由 17 根火柴拼成的六个并列的小正方形，你能在图中添加 2 根火柴，让图形变成一个汉字吗？

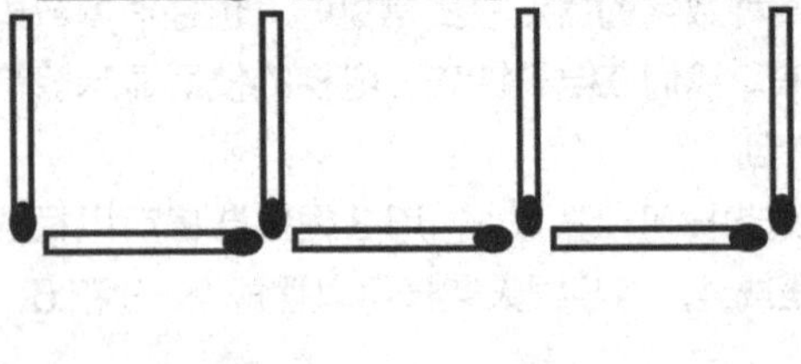

53. 另一个字

初级　　难度星级：☆☆☆☆★　　知识点：文字的拼法

请你在下图中添加 2 根火柴，使其成为另一个字。

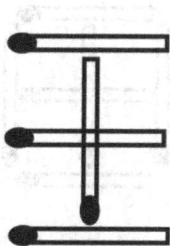

54. 拼汉字

高级　　难度星级：☆★★★★　　知识点：文字的拼法

思考一下，5 根横排的火柴和 3 根竖排的火柴能拼成哪几个汉字？

55. 奇妙的汉字（1）

初级   难度星级：☆☆☆☆★   知识点：文字的变形
请你在下面的"田"字上添加1根火柴，使其变成另一个字。

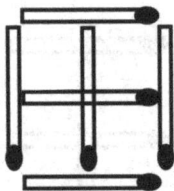

56. 奇妙的汉字（2）

初级   难度星级：☆☆☆☆★   知识点：文字的变形
请你在下面的"田"字上去掉1根火柴，使其变成另一个字。

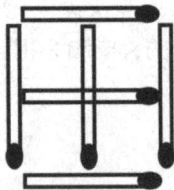

57. 奇妙的汉字（3）

初级   难度星级：☆☆☆☆★   知识点：文字的变形
请你在下面的"田"字上移动1根火柴，使其变成另一个字。

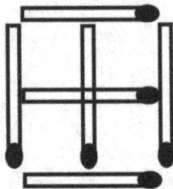

58. 井

中级　　难度星级：☆☆☆★★　　知识点：重复利用

　　下图是口水井，它由 16 根火柴排列而成。你能移动其中的 6 根火柴，使它变成不共用火柴的 2 个"口"字吗？

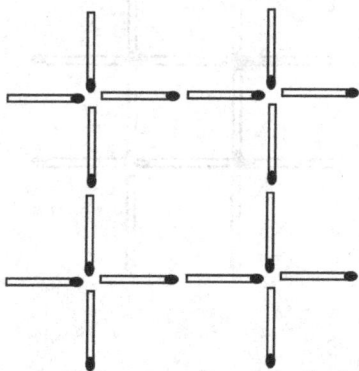

59. 摆田字

中级　　难度星级：☆☆★★★　　知识点：交叉

　　我们知道用 12 根火柴可以摆出一个"田"字，现在要求你用 6 根火柴摆出一个"田"字，你能做到吗？

60. 变品字

初级　难度星级：☆☆☆☆★　知识点：汉字的拼法
在下图中移动3根火柴，使"井"字变成"品"字。

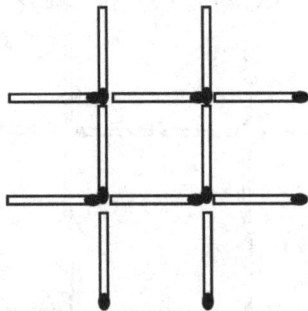

61. 变字（1）

中级　难度星级：☆☆☆★★　知识点：汉字的拼法
如下图所示，这是个"中"字，请你移动1根火柴，使其变成另一个字（有两种方法）。

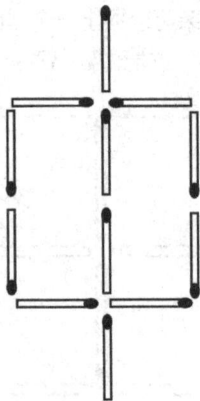

62. 变字（2）

中级　　难度星级：☆☆★★★　　知识点：汉字的拼法

如下图所示，这是个"中"字，请你移动 2 根火柴，使其变成另一个字（有两种方法）。

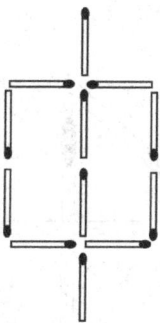

63. 变字（3）

初级　　难度星级：☆☆☆☆★　　知识点：汉字的拼法

如下图所示，这是个"中"字，请你添加 1 根火柴，使其变成另一个字。

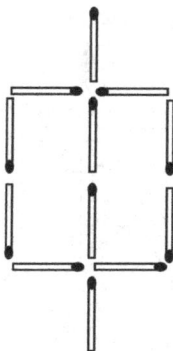

64. 变字（4）

初级   难度星级：☆☆☆☆★   知识点：汉字的拼法

下图是一个火柴拼成的"千"字，请移动1根火柴，使它变成另外一个字。你知道怎么移吗（有两种方法）？

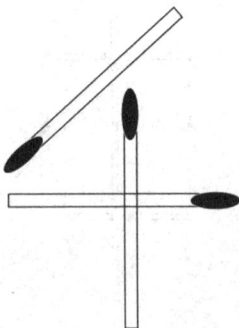

65. 变字（5）

中级   难度星级：☆☆☆★★   知识点：汉字的拼法

移动下图中的1根火柴，使"木"字变成另外一个字。你知道怎么移吗？

66. 拿走2根

中级　　难度星级：☆☆☆★★　　知识点：文字的拼法

下图是由12根火柴拼成的一个"田"字，请拿走2根火柴，使它变成另外一个汉字。你知道怎么做吗？

67. 拿走3根

中级　　难度星级：☆☆★★★　　知识点：文字的拼法

下图是由12根火柴拼成的一个"田"字，请拿走3根火柴，使它变成另外一个汉字。你知道怎么做吗？

68. 拿走4根

中级　　难度星级：☆☆☆★★　　知识点：文字的拼法

下图是由12根火柴拼成的一个"田"字，请拿走4根火柴，使它变成另外一个汉字。你知道怎么做吗？

69. 拿走6根

中级　　难度星级：☆☆★★★　　知识点：文字的拼法

下图是由12根火柴拼成的一个"田"字，请拿走6根火柴，使它变成另外一个汉字。你知道怎么做吗？

70. 拿走 7 根

中级　　难度星级：☆☆☆★★　　知识点：文字的拼法

下图是由 12 根火柴拼成的一个"田"字，请拿走 7 根火柴，使它变成另外一个汉字。你知道怎么做吗？

71. 拿走 8 根

中级　　难度星级：☆☆☆★★　　知识点：文字的拼法

下图是由 12 根火柴拼成的一个"田"字，请拿走 8 根火柴，使它变成另外一个汉字。你知道怎么做吗？

72. 鸭子变公鸡

中级   难度星级：☆☆★★★   知识点：字母的拼法

下图是用火柴摆成的 DUCK（鸭子），你能只移动其中 1 根火柴，就让它变成 COCK（公鸡）吗？

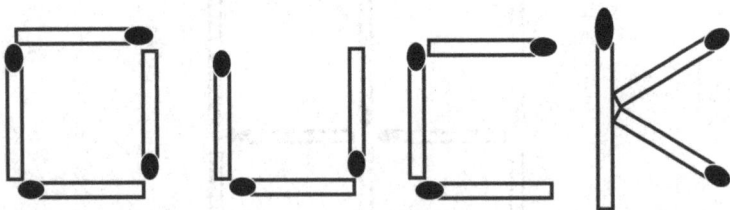

73. 罗马等式（1）

中级   难度星级：☆☆☆★★   知识点：罗马数字的拼法

下图是用火柴拼成的罗马数字组成的等式（Ⅳ 在罗马数字中代表 4），请移动其中的 1 根火柴，使等式成立，你知道该怎么移动吗？

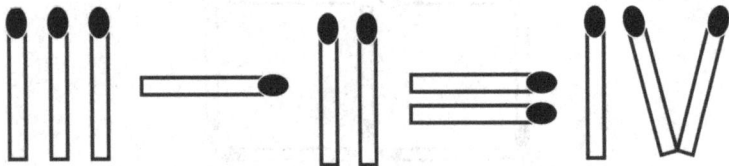

74. 罗马等式（2）

中级　　难度星级：☆☆★★★　　知识点：罗马数字的拼法

下图是用火柴拼成的罗马数字组成的等式（Ⅶ在罗马数字中代表7），请移动其中的2根火柴，使等式成立，你知道该怎么移动吗？

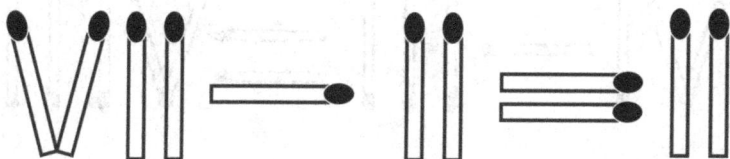

75. 罗马等式（3）

中级　　难度星级：☆☆★★★　　知识点：罗马数字的拼法

下图的罗马数字等式不成立，你只能移动1根火柴，要使得等式成立，你知道怎么移动吗？

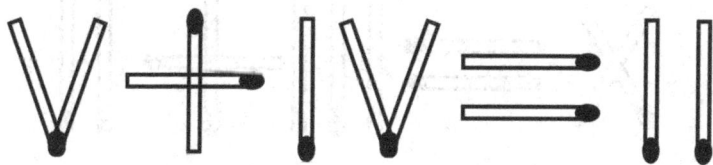

76. 罗马等式（4）

中级　　难度星级：☆☆★★★　　知识点：罗马数字的拼法

下图的罗马数字等式不成立，你只能移动1根火柴，要使得等式成立，你知道怎么移动吗？

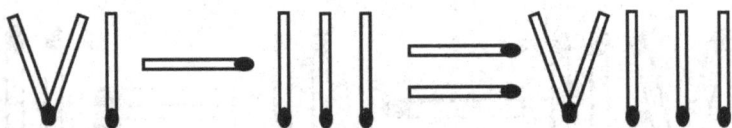

77. 罗马等式（5）

中级　　难度星级：☆☆★★★　　知识点：罗马数字的拼法

下图是用火柴摆成的罗马数字算式，但不正确，请你移动其中的1根火柴，使等式成立。

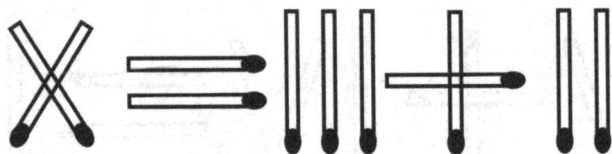

78. 罗马等式（6）

中级　　难度星级：☆☆★★★　　知识点：罗马数字的拼法

下图是用火柴摆成的罗马数字算式，但不正确，请你移动1根火柴，使等式成立。

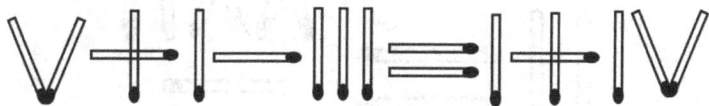

79. 等式成立（1）

中级　　难度星级：☆☆★★★　　知识点：罗马数字的拼法

下图的罗马算式显然是不成立的（10-2=2），现在请移动1根火柴，使它成为成立的等式。你知道该如何移动火柴吗？

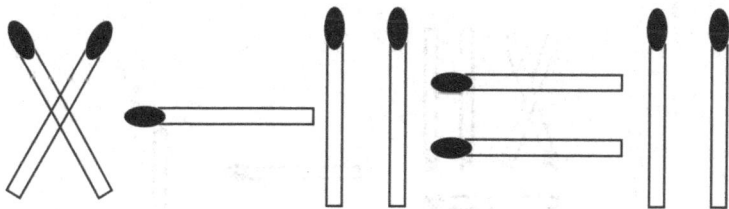

80. 等式成立（2）

中级　　难度星级：☆☆☆★★　　知识点：罗马数字的拼法
要求只移动1根火柴使等式成立。你知道方法是什么吗？

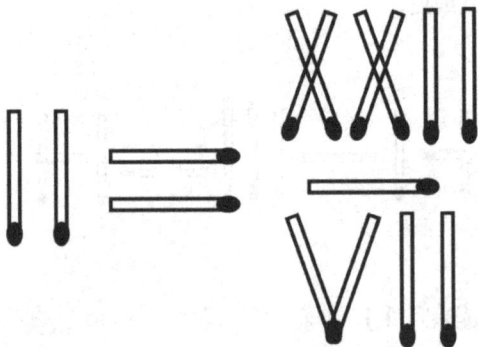

81. 3种方法

中级　　难度星级：☆☆★★★　　知识点：罗马数字的拼法
只移动1根火柴，使得下面的等式成立，试着找出3种不同的方法。

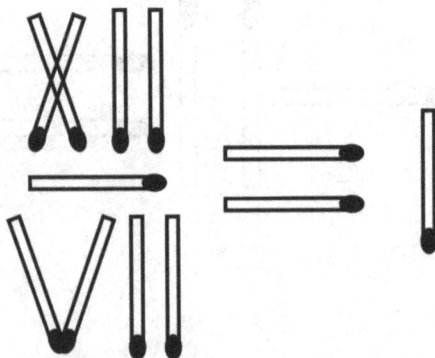

82. 拼成 11

中级　　难度星级：☆☆☆★★　　知识点：变换角度

想要拼成 11，只需要用 2 根火柴即可。现在要求你用 3 根火柴拼成 11，不允许剩火柴也不允许折断火柴，还不允许把其中 2 根火柴拼在一条直线上。你知道该怎样做吗（有两种方法）？

83. 数字变换

中级　　难度星级：☆☆★★★　　知识点：数字的转换

开动我们的脑筋试一试，0~9 这十个数字，添加 1 根、去掉 1 根或移动 1 根火柴，可以变成哪些数字。比一比，看谁想出的方法最多！

	0	1	2	3	4	5	6	7	8	9
添加一根火柴										
去掉一根火柴										
移动一根火柴										

第三章

形状变换

我们知道，用火柴可以摆出许多图形，不仅限于一些简单的几何图形，如三角形、四边形、多边形等，还有一些复杂的图形，如房子、家具、各种动物等。

在火柴游戏中，这些摆出来的图形并不是一成不变的，我们可以通过移动、添加或去掉其中的一根或几根火柴，使它们之间出现一些有趣的转化。

移动2根火柴使2个正方形变成3个，添加3根火柴使3个三角形变成5个，拿走5根火柴使10个正方形都消失……这就要用到公共边、图形的交叉和图形的拆分等知识。

1. 巧妙运用公共边

（1）公共边省火柴；

（2）独立图形费火柴。

2. 巧妙运用火柴交叉

（1）火柴交叉拼成的图形更多；

（2）火柴交叉可以把大图形变成小图形。

3. 巧妙运用图形的拆分

（1）找出在关键位置的火柴；

（2）多变少，小变大。

做形状变换类火柴游戏就要利用这些变化，改变图形的结构和某些火柴的特殊位置，使图形符合题目要求。

这要求我们要有较强的逻辑思维能力和全面观察、分析问题的能力，这样才能顺利地解决问题。

84. 颠倒椅子（1）

中级　　难度星级：☆☆★★★　　知识点：对称图形

如下图，这把椅子倒了，你能只移动 2 根火柴就把它扶正吗？

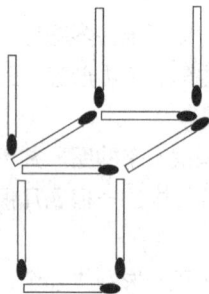

85. 颠倒椅子（2）

中级　　难度星级：☆☆★★★　　知识点：对称图形

如下图，这把椅子是正放的，你能只移动 2 根火柴就把它倒过来吗？

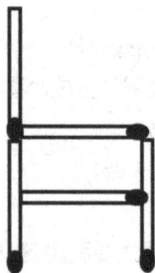

86. 搬桌子

中级　　难度星级：☆☆★★★　　知识点：重复利用

　　下图是用火柴拼成的 2 把椅子，1 张桌子。请问想要把桌子搬到 2 把椅子中间，最少需要移动多少根火柴？你会移动吗？

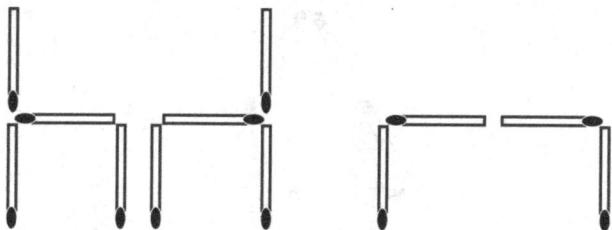

87. 平面变立体

高级　　难度星级：☆★★★★　　知识点：立体思维

　　下图有 3 个正三角形，很明显，它是一个平面图形，如何只移动其中的 3 根火柴，就使它变成立体图形呢？你会移动吗？

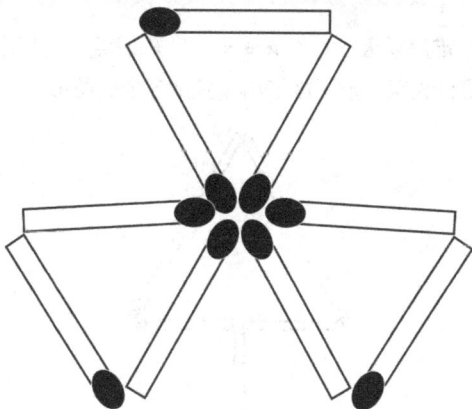

88. 蘑菇繁殖

中级　　难度星级：☆☆★★★　　知识点：相似图形

下图是1个蘑菇，你能只移动其中的4根火柴，就让它变成2个一样的小蘑菇吗？你会移动吗？

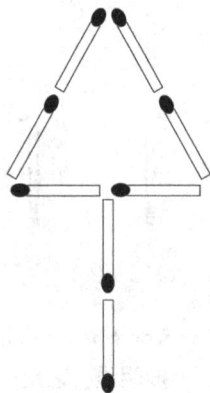

89. 小伞

中级　　难度星级：☆☆★★★　　知识点：公共边

请移动3根火柴，把下面的小伞变成3个三角形。你会移动吗？

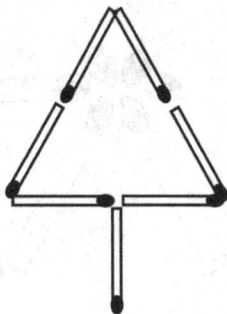

90. 变换方向

初级   难度星级：☆☆☆☆★   知识点：对称

下图是用 10 根火柴摆成的房子。请移动 2 根火柴，使房子改变方向。你会移动吗？

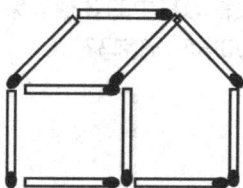

91. 旗子变房子

中级   难度星级：☆☆★★★   知识点：观察角度

下图是由火柴摆成的旗子，移动其中的 4 根火柴，把它变成房子。你会移动吗？

92. 白塔倒影

中级　　难度星级：☆☆☆★★　　知识点：重复利用

在北大校园里，有片湖叫未名湖，它旁边有座水塔，名博雅塔。塔倒映在水中，是燕园的一大景观，称之为湖光塔影。图中是用 10 根火柴摆的塔，你只要移动其中的 3 根火柴，倒立的"湖光塔影"便会呈现在你面前！你知道怎么移吗？

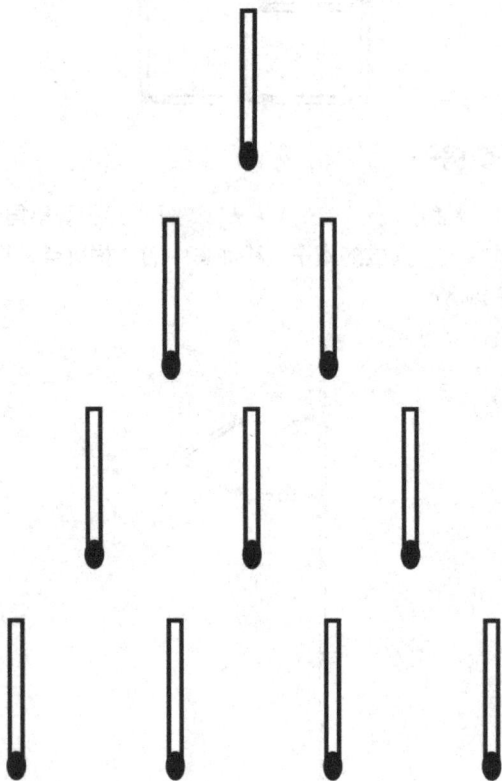

93. 倒转酒杯（1）

中级　　难度星级：☆☆★★★　　知识点：改变方向

用4根火柴可以摆成一个小"酒杯"。"杯"中放一个"球"。只要移动2根火柴，就可以使"酒杯"中的球跑到"杯"外。你看应该怎样移动？

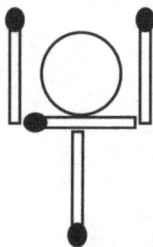

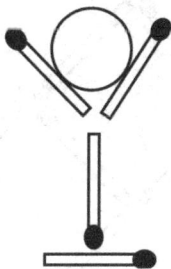

94. 倒转酒杯（2）

中级　　难度星级：☆☆★★★　　知识点：改变方向

用4根火柴可以摆成一个小"酒杯"。"杯"中放个"球"。只要移动2根火柴，就可以使"酒杯"中的球跑到"杯"外。你看应该怎样移动？

95. 酒杯

中级   难度星级：☆☆★★★   知识点：位置

如图所示，这是由 10 根火柴摆成的 2 只高脚杯，请移动 6 根火柴，使它变成房子。

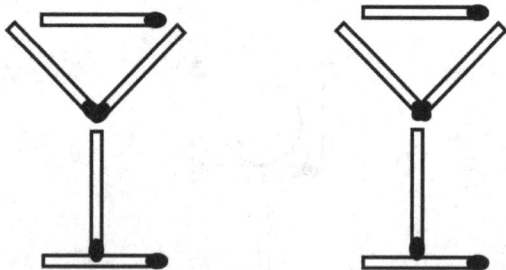

96. 反方向游

中级   难度星级：☆☆☆★★   知识点：重复

移动最少的火柴，让鱼往反方向游（头朝相反的方向）。

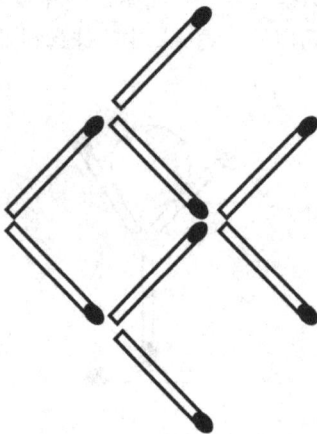

97. 小鱼转向

中级　难度星级：☆☆☆★★　知识点：重复

下图是一条由火柴拼成的小鱼，它的头朝向左边，请你移动 2 根火柴，使小鱼的头朝上。你知道怎么做吗？

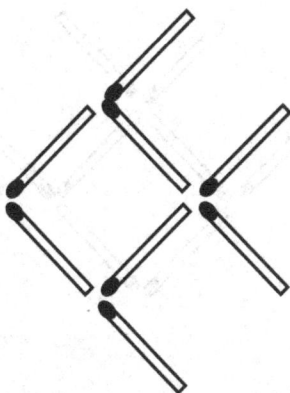

98. 反方向走

中级　难度星级：☆☆★★★　知识点：重复

移动最少的火柴，让猪往反方向走。

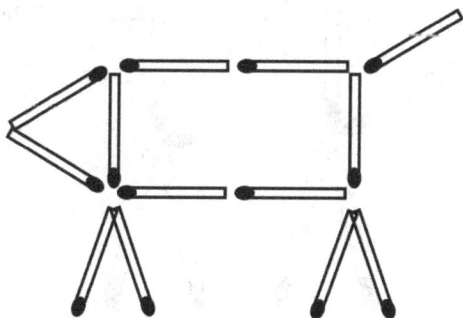

99. 飞鸟

中级   难度星级：☆☆★★★   知识点：重复

下图是用 10 根火柴摆的头朝下的小鸟，你能只移动 3 根火柴，使小鸟的头朝上吗？

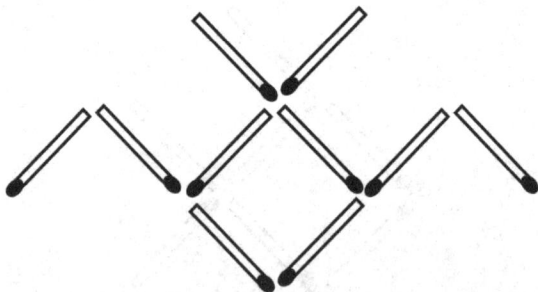

100. 一头猪

中级   难度星级：☆☆★★★   知识点：形象思维

下图是用火柴摆成的猪，如何移动 2 根火柴，使它变成一头四脚朝天的猪？

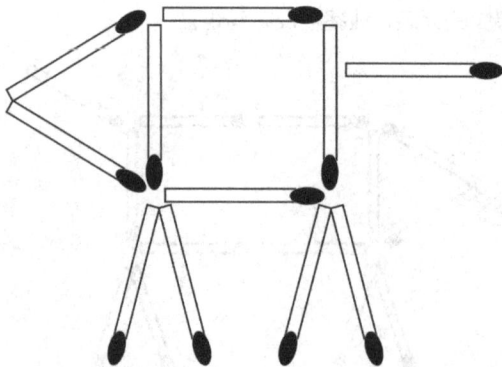

101. 小狗掉头

初级　　难度星级：☆☆☆☆★　　知识点：重复

你能只移动 2 根火柴，使下面的小狗掉头走吗？

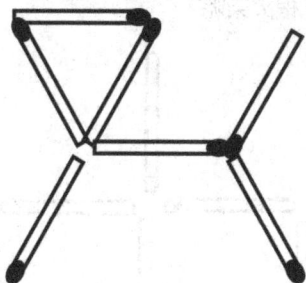

102. 改变方向

初级　　难度星级：☆☆☆☆★　　知识点：对称

用 4 根火柴拼成了畚斗，请你移动 2 根火柴，改变畚斗的方向。

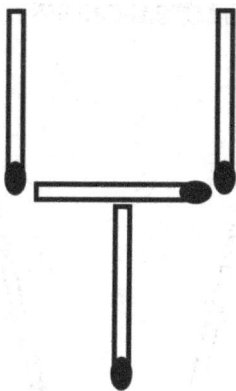

103. 游水的小鱼

初级　　难度星级：☆☆☆☆★　　知识点：重复

水里有条鱼，它正在往下游，请你移动最少的火柴，使它向上游。请问需要移动几根火柴呢？

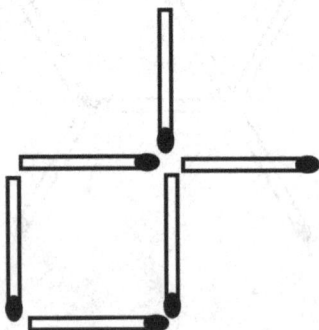

104. 倒扣的杯子

中级　　难度星级：☆☆★★★　　知识点：位置

下图是 2 个由火柴摆成的倒扣着的杯子，请移动 4 根火柴，使杯口朝上。

105. 长枪

中级　　难度星级：☆☆★★★　　知识点：可用的部分

　　下图是由9根火柴摆成的长枪，移动4根火柴，把它变成4个全等三角形。

106. 小船

中级　　难度星级：☆☆★★★　　知识点：拆分

小明用火柴拼了一艘小船，其中有 5 个同样大小的梯形和 6 个同样大小的三角形。他移动了其中的 4 根火柴，这个图形就变成了有 3 个同样大小的梯形和一大一小 2 个三角形的图形，你知道他是怎么做的吗？

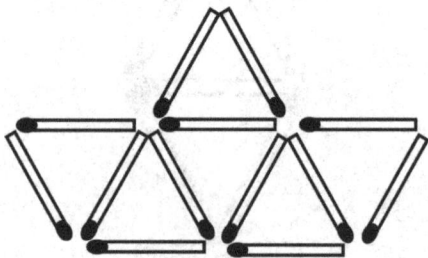

107. 天平

中级　　难度星级：☆☆★★★　　知识点：位置

如下图所示，这是由 9 根火柴组成的天平，且处于不平衡状态，请移动其中的 5 根火柴，使它平衡。

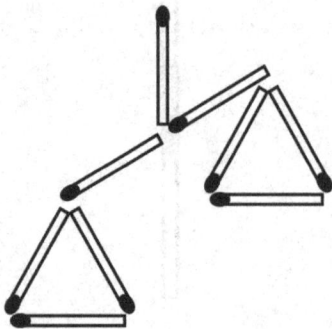

108. 斧子

中级 难度星级：☆☆★★★ 知识点：没有公共边

移动 4 根火柴，把图中的斧子变为 3 个全等三角形。你知道怎么做吗？

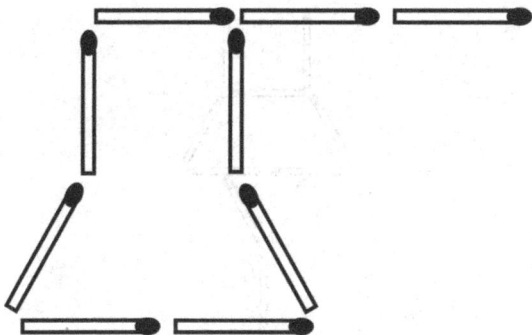

109. 翻转梯形

中级 难度星级：☆☆☆★★ 知识点：对称

下图是由 23 根火柴摆成的含有 12 个小三角形的梯形，最少移动几根火柴，可以让它倒转过来呢？

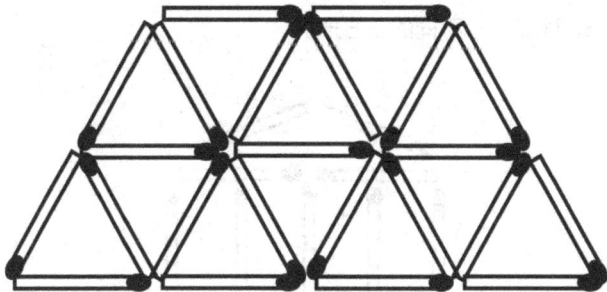

110. 台灯

中级　　难度星级：☆☆☆★★　　知识点：可用的部分

如下图所示，这是一个由12根火柴摆成的台灯，请移动其中的3根火柴，使它变为5个全等的三角形。你知道该怎么做吗？

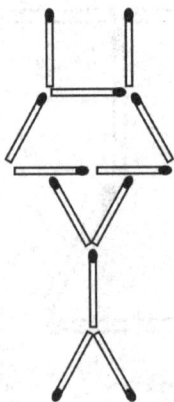

111. 仓库（1）

中级　　难度星级：☆☆★★★　　知识点：数图形

如下图所示，这是由11根火柴摆成的仓库。请移动2根火柴，把它变成11个大小不同的正方形。

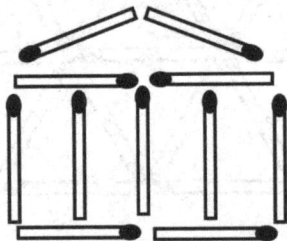

112. 仓库（2）

中级　　难度星级：☆☆★★★　　知识点：数图形

如下图所示，这是由11根火柴摆成的仓库。请移动4根火柴，把它变为15个大小不同的正方形。

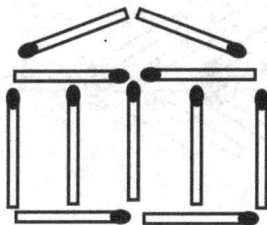

113. 太阳变风车

中级　　难度星级：☆☆☆★★　　知识点：形象思维

下图是由12根火柴组成的太阳。请移动其中4根火柴，使它变成风车。你会移动吗？

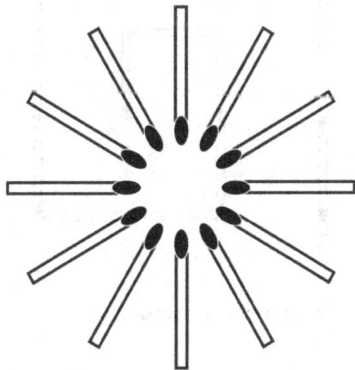

114. 箭头变平行四边形

高级　难度星级：☆★★★★　知识点：轮廓

下图是由 16 根火柴摆出的箭。请移动其中的 7 根火柴，使它变成 5 个大小和形状完全相同的平行四边形。你知道怎么做吗？

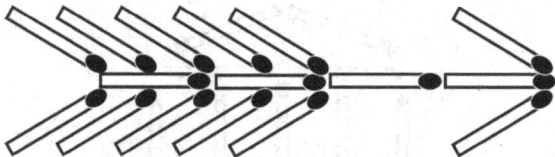

115. 螺旋线（1）

中级　难度星级：☆☆☆★★　知识点：可用的部分

下图是用火柴摆成的螺旋形。请移动其中的 3 根火柴，使其变成 3 个正方形。你知道怎么移吗？

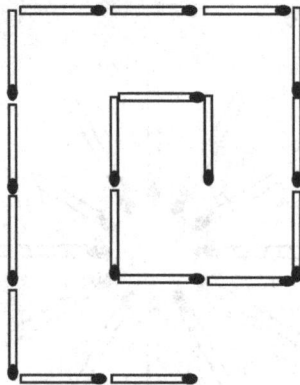

116. 螺旋线（2）

中级　　难度星级：☆☆★★★　　知识点：可用的部分

下图是用火柴摆成的螺旋形。请移动其中的 4 根火柴，使其变成 3 个正方形。你知道怎么移吗？

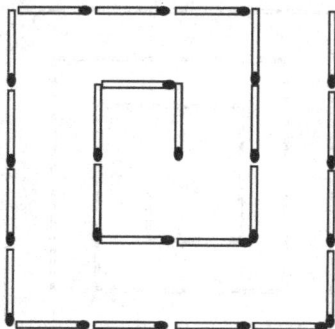

117. 螺旋线（3）

中级　　难度星级：☆☆★★★　　知识点：可用的部分

下图是用火柴摆成的螺旋形。请移动其中的 3 根火柴，使其变成 3 个正方形。你知道怎么移吗？

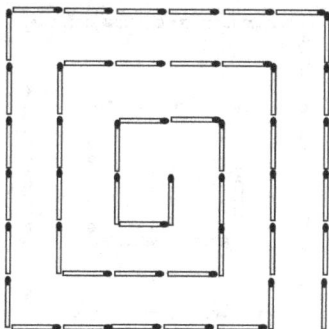

118. 螺旋线（4）

高级   难度星级：☆★★★★   知识点：可用的部分

下图是用火柴摆成的螺旋形。请移动其中的5根火柴，使其变成4个正方形。你知道怎么移吗？

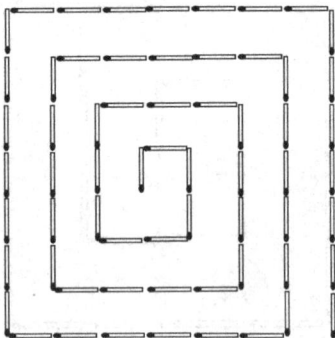

119. 2变3（1）

中级   难度星级：☆☆★★★   知识点：可用的部分

下图是由24根火柴组成的一大一小2个正方形。要求你只移动其中的4根火柴，使2个正方形变成3个正方形，你知道怎么移动吗？

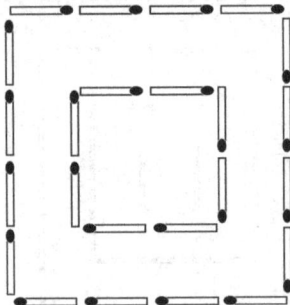

120. 2变3（2）

中级 难度星级：☆☆★★★ 知识点：可用的部分

下图是由 24 根火柴组成的一大一小 2 个正方形。要求你只移动其中的 4 根火柴，使 2 个正方形变成 3 个正方形，你知道怎么移动吗？（不用上题的方法）

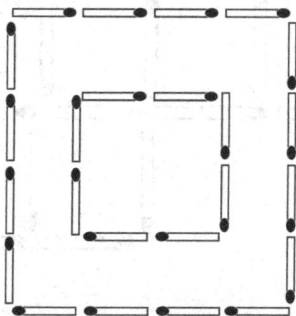

121. 变形

中级 难度星级：☆☆☆★★ 知识点：不共用边

下图是由 16 根火柴组成的 5 个小正方形。要求你只移动其中的 3 根火柴，使它变成 4 个正方形。你知道怎么移动吗？

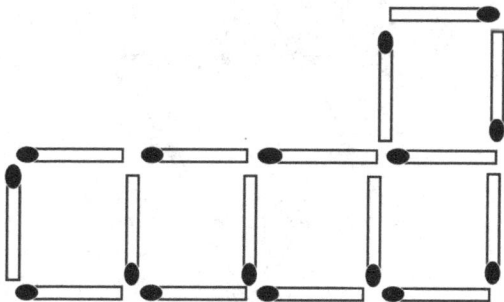

122. 5变6

高级　　**难度星级：☆★★★★**　　　**知识点：组合图形**

把下图中的任意 4 根火柴移动一下位置，使图中的 5 个正方形变成 6 个正方形，你知道怎么移动吗？

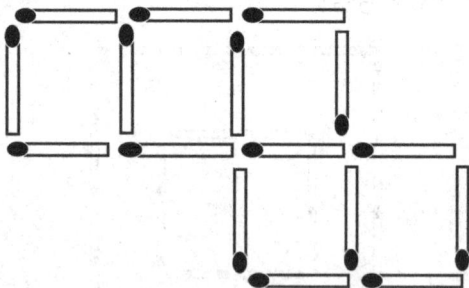

123. 六角星

中级　　**难度星级：☆☆★★★**　　　**知识点：尝试**

下图是由 18 根火柴组成的六角星，其中包含 2 大 6 小共 8 个三角形。请你移动其中的 2 根火柴，使下图仍然有 8 个三角形。你知道该怎么做吗？

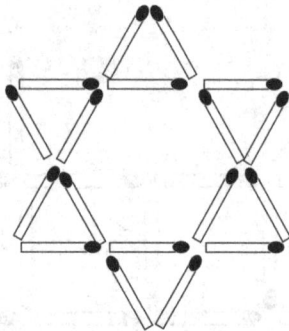

124. 变出 4 个三角形

中级　　难度星级：☆☆★★★　　知识点：组合图形

下图是由 15 根火柴摆出的 2 个等边三角形。你能移动其中的 3 根火柴，把它变成 4 个等边三角形吗？

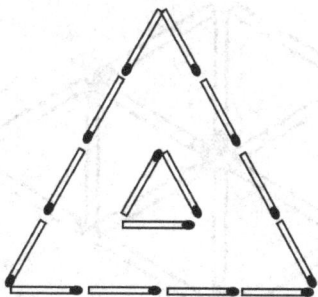

125. 5 变 4

中级　　难度星级：☆☆☆★★　　知识点：不共用边

移动 3 根火柴，使图形变成 4 个正方形。

126. 6个三角形

中级   难度星级：☆☆★★★   知识点：多变少

移动2根火柴，使下图中的7个三角形变成6个三角形。

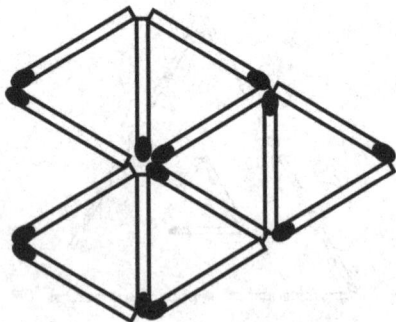

127. 四角星

中级   难度星级：☆☆★★★   知识点：转化

移动6根火柴，使图形变成3个正方形和1个三角形。你知道
怎么移动吗？

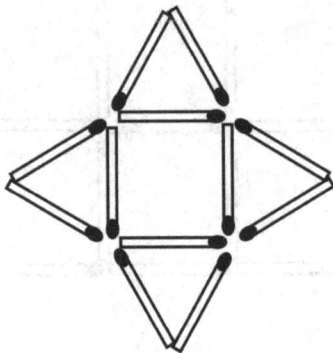

128. 增加 2 个（1）

中级　　难度星级：☆☆★★★　　知识点：少变多

只移动 2 根火柴，你能使正方形的数量增加 2 个吗？

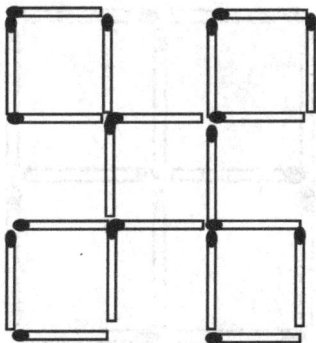

129. 增加 2 个（2）

初级　　难度星级：☆☆☆☆★　　知识点：少变多

在上题答案的基础上，再移动 1 根火柴，你能使正方形的数量再增加 2 个吗？

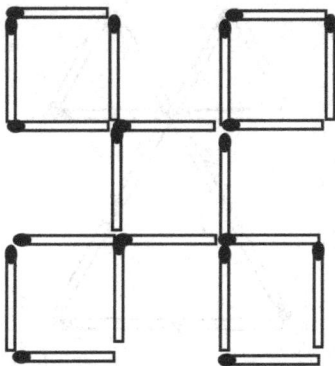

130. 10 个正方形

中级　　难度星级：☆☆★★★　　知识点：组合图形

移动 4 根火柴，使图形变成 10 个正方形。

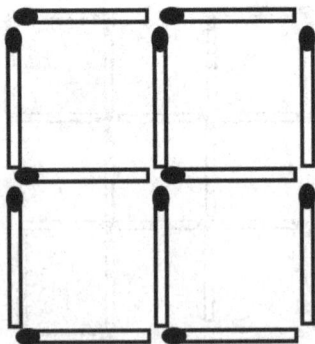

131. 正六边形

中级　　难度星级：☆☆★★★　　知识点：轮廓

如图所示，这是由 12 根火柴组成的 3 个等边三角形。你能只移动 4 根火柴，使其变成 1 个正六边形和 6 个正三角形吗？

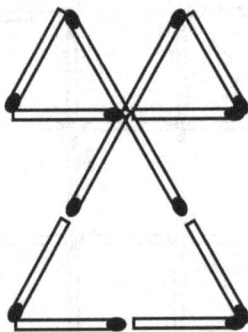

132. 螺旋三角

中级　　难度星级：☆☆★★★　　知识点：公共边

移动 4 根火柴，使下图变成 4 个等边三角形。

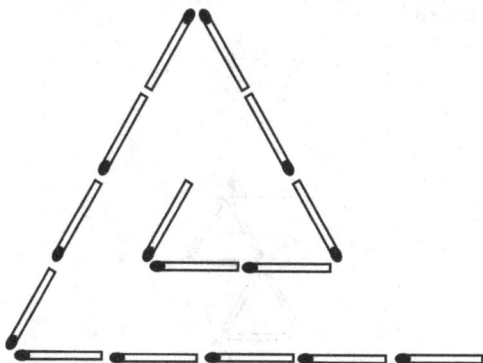

133. 5 变 7（1）

中级　　难度星级：☆☆★★★　　知识点：少变多

你能移动下图中的 3 根火柴，使下图变成由 7 个大小相等的三角形组成的图形吗？

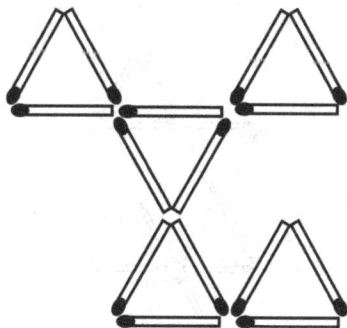

134. 5变7（2）

　　中级　　难度星级：☆☆★★★　　知识点：少变多

　　你能移动下图中的3根火柴，使下图变成由7个大小相等的三角形组成的图形吗？

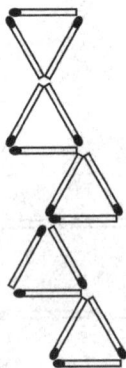

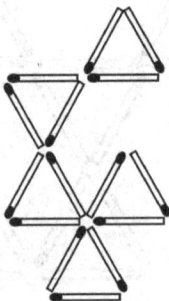

135. 5变7（3）

　　中级　　难度星级：☆☆★★★　　知识点：少变多

　　你能移动下图中的3根火柴，使下图变成由7个大小相等的三角形组成的图形吗？

136. 3个正方形

初级　　难度星级：☆☆☆☆★　　知识点：不重复使用

移动下图中的3根火柴，把下图变成3个正方形。你会做吗？

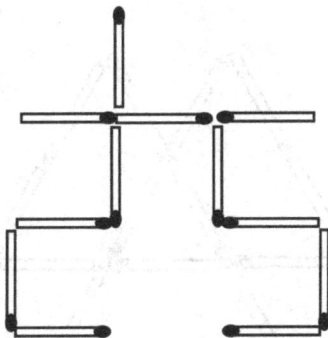

137. 三角形数量（1）

中级　　难度星级：☆☆★★★　　知识点：大变小

移动下图中的4根火柴，把下图的正三角形变成5个。试试看吧。

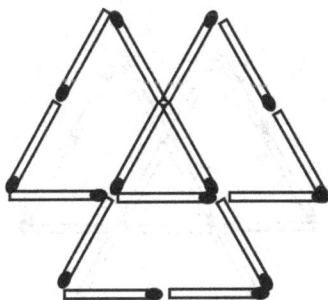

138. 三角形数量（2）

中级　　难度星级：☆☆★★★　　知识点：大变小

移动下图中的 4 根火柴，把下图的正三角形变成 7 个。试试看吧。

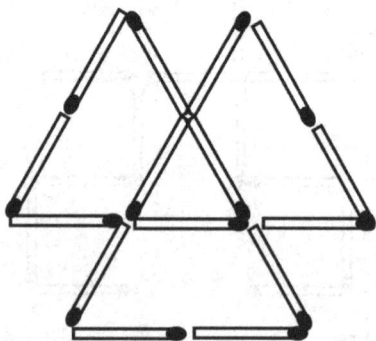

139. 三角形数量（3）

中级　　难度星级：☆☆★★★　　知识点：大变小

移动下图中的 4 根火柴，把下图的正三角形变成 9 个。试试看吧。

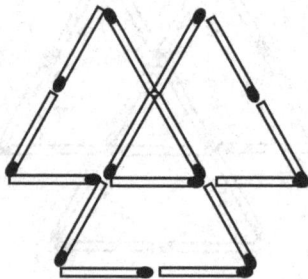

140. 怎么移动

中级　　难度星级：☆☆☆★★　　知识点：轮廓

如下图所示，这是一个用15根火柴拼成的图案。如何移动其中的4根火柴，使这个图案变成2个大小不一样的正方形。你知道怎么移动吗？

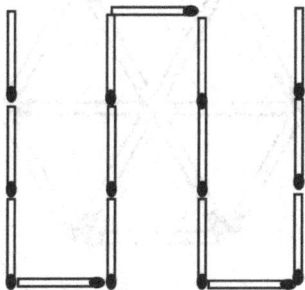

141. 30个正方形

高级　　难度星级：☆★★★★　　知识点：大变小

这里有20根火柴，摆成了2个大正方形和7个小正方形。请你移动其中的8根火柴，使图形中出现30个正方形。你能做到吗？

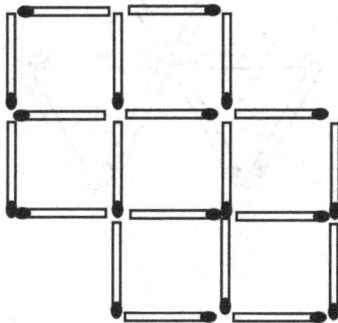

142. 3根火柴

中级   难度星级：☆☆☆★★   知识点：多变少

仅移动下图中的3根火柴，使图中只有4个相同大小的三角形（所有的火柴都必须被用到）。

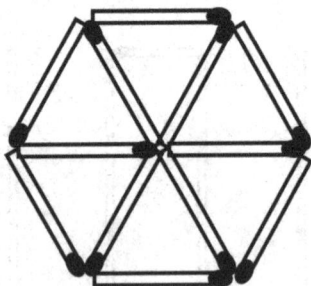

143. 3变5

中级   难度星级：☆☆★★★   知识点：少变多

请你只移动3根火柴，把图中3个三角形变成5个三角形。

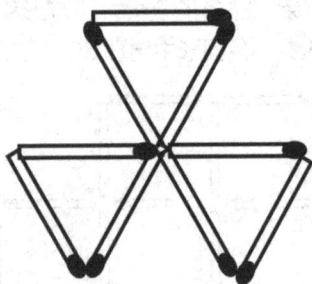

144. 怎样移动

中级 难度星级：☆☆☆★★ 知识点：多变少

下图是由 4 个小正方形组成的大正方形。请你移动 3 根火柴，使它变成 3 个相等的正方形，应该怎样移动呢？

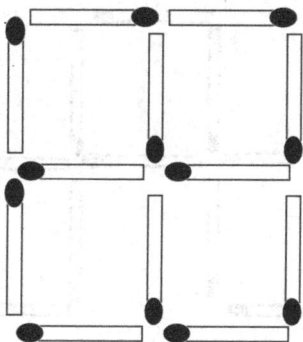

145. 三角形变换

高级 难度星级：★★★★★ 知识点：图形的重叠

在下图中，如何只移动 3 根火柴，得到 10 个三角形和 3 个菱形？

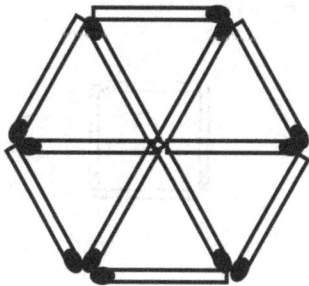

146．7个正方形

中级　　难度星级：☆☆★★★　　知识点：少变多

下图是由12根火柴组成的3个正方形。你能移动3根火柴，让图中出现7个正方形吗？

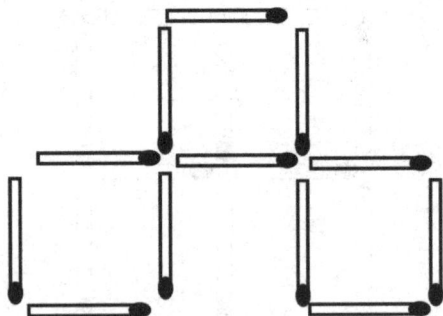

147．回字图

高级　　难度星级：☆★★★★　　知识点：轮廓

下图是由火柴拼成的"回"字形图案。请你移动4根火柴，使图形变成两个完全一样的正方形。

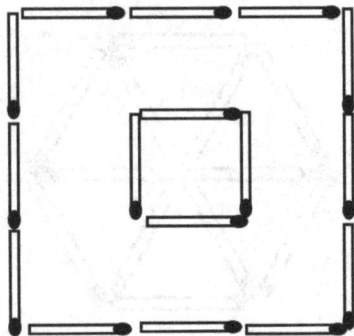

148. 只剩 5 个正方形

中级　　难度星级：☆☆★★★　　知识点：多变少

　　下图是由 20 根火柴摆成的 9 个大小不同的正方形。请你移动 3 根火柴，使图中只有 5 个正方形（无剩余的火柴）。

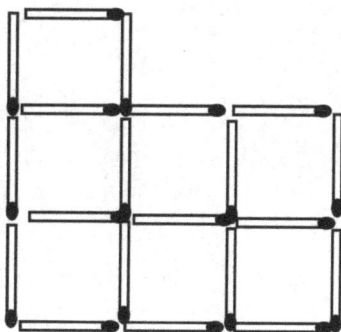

第四章

脑筋急转弯

小小的火柴，可以搭图形、写文字、拼数字……做出许多有趣的游戏。还有一些火柴游戏，我们运用常规的解题思路和方法是无法得出答案的，需要我们发挥想象、开动脑筋，变换角度去观察和思考，才能解决问题。这就是脑筋急转弯。

好的脑筋急转弯有一个最大的特点：就是题目看上去很普通，可答案总是出人意料，别出心裁，打破常理。而且理解清楚之后总会令人会心一笑。

当然，很多脑筋急转弯的答案并不是唯一的，就看哪种说法更能突破我们惯常的思维方式，刺激大家的幽默神经了。如果你不满足于这一个答案，也可以尝试着寻找更多、更有趣，甚至更合理的答案。相信在思考和探索的过程中，你不仅可以锻炼大脑，也能感受到更多的乐趣。

解决这类问题，不仅仅需要聪慧、灵活的头脑，更需要有想象力，创新能力以及发散思维。大家一定要积极开动脑筋，从不同的角度进行充分的思考。

法国杰出作家司汤达说过："天才往往具有超人的智慧，绝不遵循常人的思维途径。"脑筋急转弯无疑是培养创新型、发散型、跳跃型思维的最好工具，是训练多角度思考能力的头脑体操，是开启大脑潜能的智慧锦囊。

149. 8个三角形

中级　难度星级：☆☆★★★　知识点：火柴本身

用2根火柴拼出8个三角形，你能做到吗？不准把火柴折断。

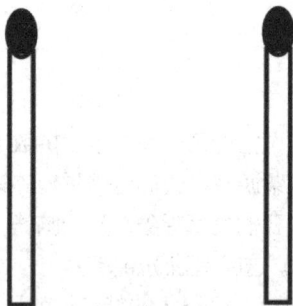

150. 相同的三角形

高级　难度星级：☆★★★★　知识点：影子

如下图所示，用3根火柴拼成一个三角形。现在要求再用1根火柴，拼成2个完全相同的三角形。该如何做呢？（需要发挥你的想象力。）

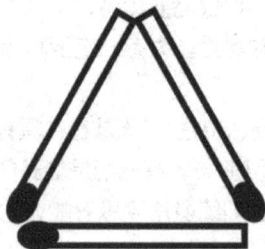

151. 摆正方形

中级　　难度星级：☆☆★★★　　知识点：火柴本身

下图是由 4 根火柴摆成的一个十字形。请你移动最少的火柴，使它变成 1 个正方形。最少需要移动几根火柴呢？

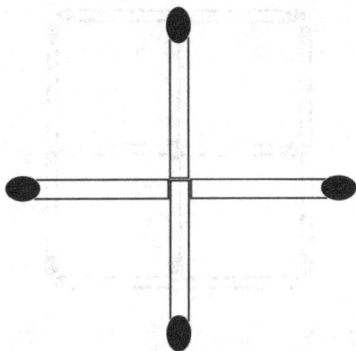

152. 5 个正方形

高级　　难度星级：☆★★★★　　知识点：火柴本身

如下图所示，用 12 根火柴可以摆成 5 个正方形。如何只移动 1 根火柴，使其变成 6 个正方形？

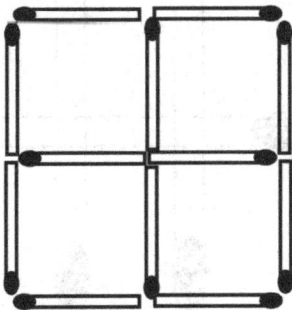

153. 摆田字

高级   难度星级：☆★★★★   知识点：观察角度

我们知道用 12 根火柴可以摆出一个"田"字，现在要求你用 4 根火柴摆出一个"田"字，你能做到吗？（火柴不能弯折。）

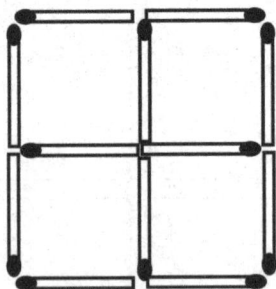

154. 直角个数

中级   难度星级：☆☆★★★   知识点：立体思维

如下图所示，用 3 根火柴可以拼成 8 个直角。请问想要拼成 12 个直角，至少需要几根火柴？（火柴本身的直角不算。）

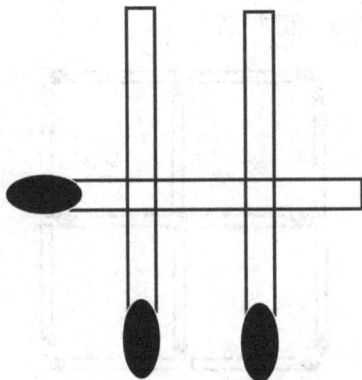

155. 火柴文字

中级　难度星级：☆☆★★★　　知识点：变换角度

用 8 根火柴可以拼成"旨"字，现在想把它变成"旱"字，请问最少需要移动几根火柴？

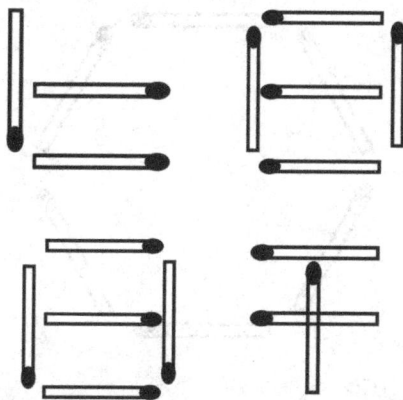

156. 改汉字

高级　难度星级：☆★★★★　　知识点：观察角度

下图是由 8 根火柴拼成的 2 个正方形。你能移动 2 根火柴，让图形变成 1 个汉字吗？

157. 摆正六边形

高级　　难度星级：☆★★★★　　知识点：观察角度

下图是6根火柴摆成的一个正六边形。你能换一种摆法，同样用6根火柴摆成一个正六边形吗？

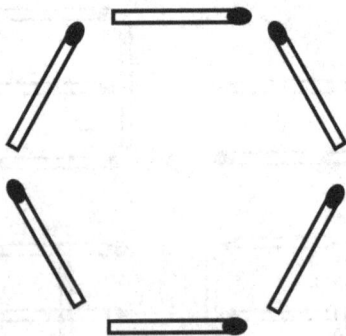

158. 摆正五边形

高级　　难度星级：☆★★★★　　知识点：观察角度

下图是用5根火柴摆成的一个正五边形。你能换一种摆法，同样用5根火柴摆成一个正五边形吗？

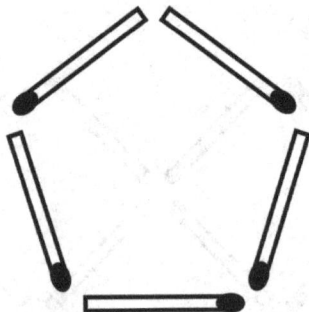

159. 拼成 1

中级　　难度星级：☆☆★★★　　知识点：变换角度

想要拼成数字 1，只需要用一根火柴即可。要求你用 3 根火柴，拼成数字 1，不允许剩余火柴也不允许折断火柴，还不允许 3 根火柴在一条直线上。你知道该怎样做吗？

160. 怎么摆

中级　　难度星级：☆☆☆★★　　知识点：特殊字母

用 3 根火柴，摆出一个大于 3 小于 4 的数，怎么摆？

161. 移动火柴

中级　　难度星级：☆☆☆★★　　知识点：特殊字母

在下图中，移动 1 根火柴，使这个不等式依然成立。你知道该怎么移动吗？

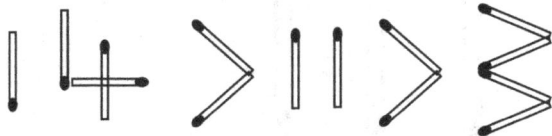

162. 比1大比2小

高级　　难度星级：☆★★★★　　知识点：特殊要求

下图是用火柴拼成的1和2两个数字。请问最少需要添加几根火柴，才能让这两个数字变成一个比1大比2小的数？怎么做？

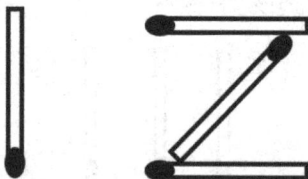

163. 摆菱形

高级　　难度星级：☆★★★★　　知识点：特殊要求

请用8根火柴摆成2个并排的菱形。然后移动2根火柴，使图形变成1个菱形。你知道该怎么做吗？

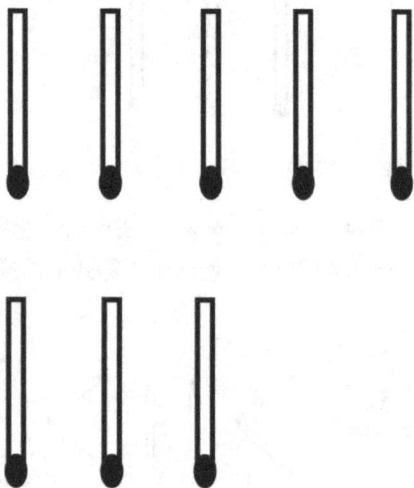

164. 奇怪的等式

高级 　　难度星级：☆★★★★ 　　知识点：数字变文字

下面是由 14 根火柴摆成的式子：1-701=2。你能只移动 1 根火柴，使等式成立吗？

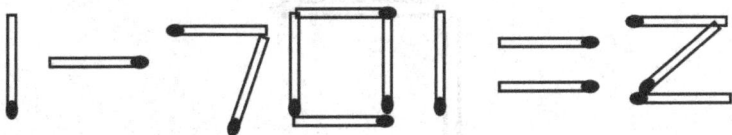

165. 火柴游戏

中级 　　难度星级：☆☆★★★ 　　知识点：英文

请你移走下图中的 3 根火柴，使剩下的部分加起来等于 3。你知道怎么做吗？

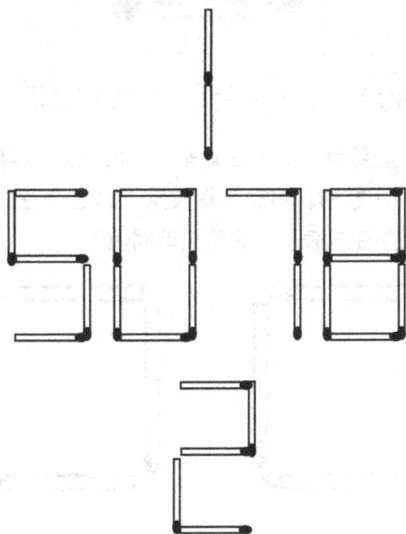

166. 字母变小

中级　　难度星级：☆☆☆★★　　　知识点：字母的拼法

加1根火柴，使下面这个字母变成小写字母。你知道怎么做吗？

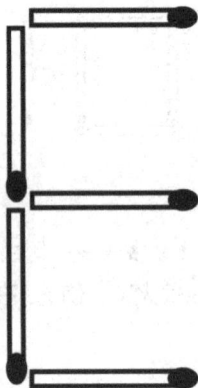

167. 是热是冷？

高级　　难度星级：☆★★★★　　　知识点：字母的拼法

下图是 2 个正方形。移动 2 根火柴，这 2 个正方形会变成表示热的英文单词还是变成表示冷的英文单词呢？

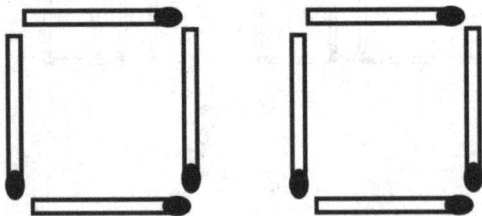

168. 牛头转向

中级　　难度星级：☆☆★★★　　知识点：形象思维

下图是用 13 根火柴摆成的一头牛。你能移动 2 根火柴，使牛的头转个方向吗？

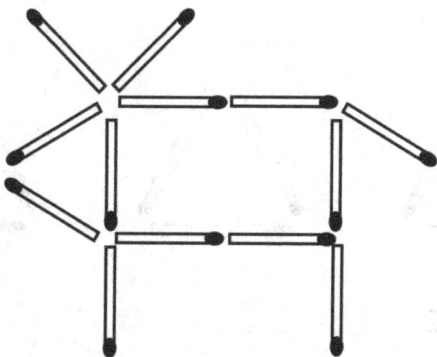

169. 长颈鹿转向

中级　　难度星级：☆☆★★★　　知识点：观察角度

下图是一只由 5 根火柴拼成的长颈鹿。你能只移动 1 根火柴，让这只长颈鹿换个方向吗？

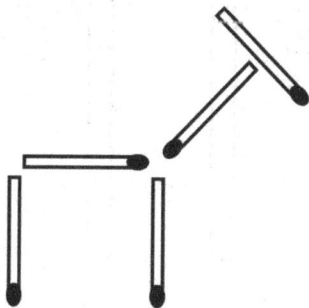

170. 消失的三角形

中级　　难度星级：☆☆★★★　　　知识点：减法

下图是由 9 根火柴拼成的 3 个三角形。现在请你只移动其中的 2 根火柴，使这 3 个三角形变成一个结果为 0 的等式。你知道怎么做吗？

171. 6 变 9

中级　　难度星级：☆☆★★★　　　知识点：字母的拼法

下图有 6 根并排放置的火柴，现在再加上 5 根火柴，你能把下图变成表示数字 9 的英文单词吗？

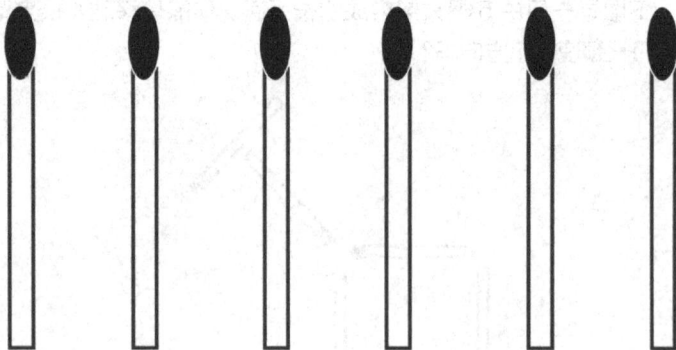

172. 9变10

中级　　难度星级：☆☆★★★　　知识点：字母的拼法

下图是9根火柴，移动其中的5根火柴，让它变成表示10的英文单词。你能做到吗？

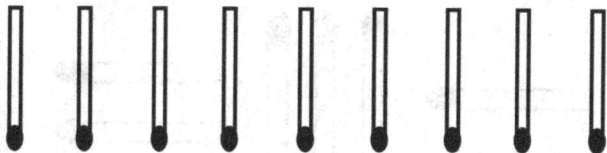

173. 10变2

中级　　难度星级：☆☆★★★　　知识点：观察角度

下图是一个由8根火柴组成的数字10，请移动其中的1根火柴，把它变成数字2。你知道怎么做吗？

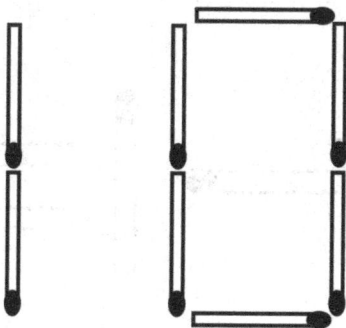

174. 1-3=2？

中级　　难度星级：☆☆★★★　　知识点：观察的角度

下图是用火柴拼成的不成立的等式。现在需要你移动最少的火柴，使等式成立，你知道该怎么移动吗？

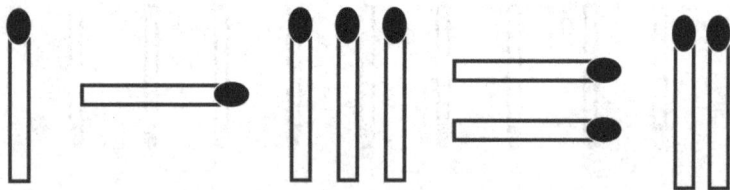

175. 罗马等式

中级　　难度星级：☆☆★★★　　知识点：发散思维

下图是用火柴拼成的罗马数字组成的等式（ X 在罗马数字中代表 10 ）。请移动其中的 1 根火柴，使等式成立，你知道该怎么移动吗？

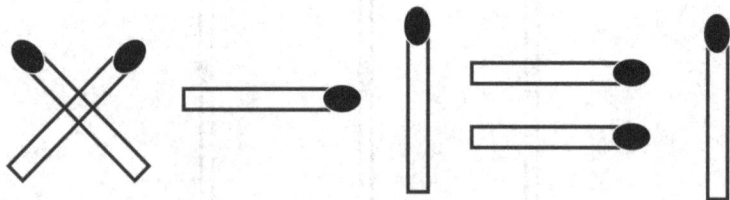

176．平房变楼房

中级　难度星级：☆☆★★★　知识点：观察角度

下图是用 14 根火柴拼成的平房，你想把它变成楼房，请问至少需要移动几根火柴？

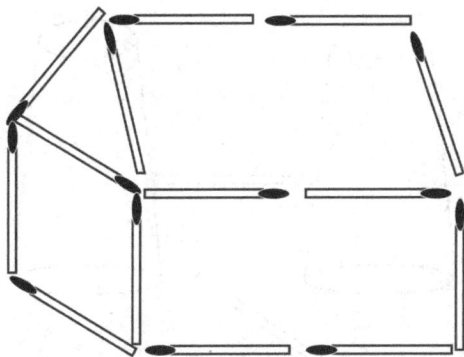

177．去除1根

中级　难度星级：☆☆★★★　知识点：观察角度

请你在下面的算式中去掉 1 根火柴，使等式成立。

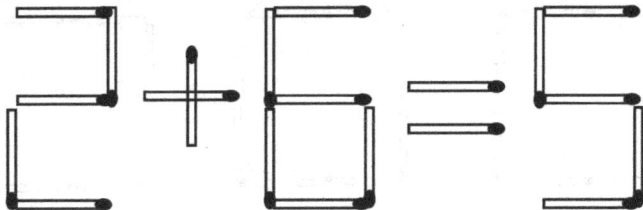

178. 火柴悬空

中级　　难度星级：☆☆★★★　　知识点：常识

在桌子上倒扣 2 个玻璃杯，然后用玻璃杯夹住 1 根火柴。现在你只能用桌上的另 1 根火柴，使得拿去 1 个玻璃杯后，中间的那个火柴依然可以悬空保持当前的位置。

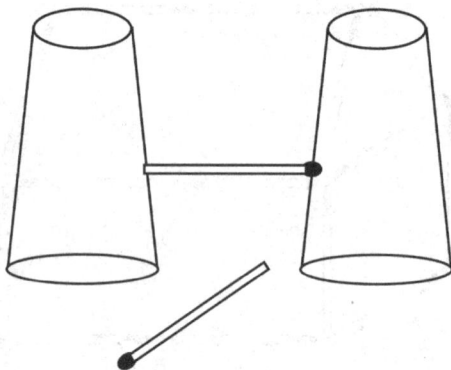

179. 移动位置

中级　　难度星级：☆☆☆★★　　知识点：交叉

下图的 3 个正方形都是由 8 根火柴组成。现在只要把这 3 个正方形的位置变化一下，就可以多出 4 个小正方形。应该如何移动？

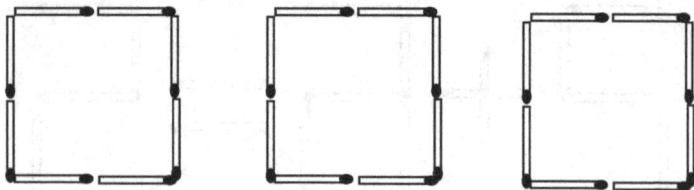

第五章

面积剖分

　　既然火柴可以摆出各种各样的几何图形，就产生了一类需要分割图形的火柴游戏：面积剖分。即把一个规则或不规则的几何图形，按形状、面积等特定要求进行分割，或者进行切割、拆分之后重组，构成一个新的图形……

　　用4根火柴把一个直角三角形的面积分成3等份。

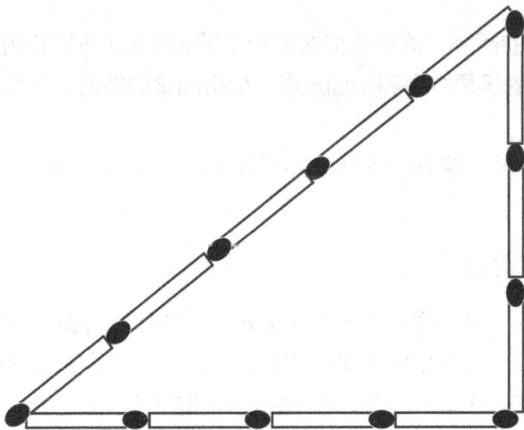

移动 4 根火柴，使一个等边三角形面积缩小一半。

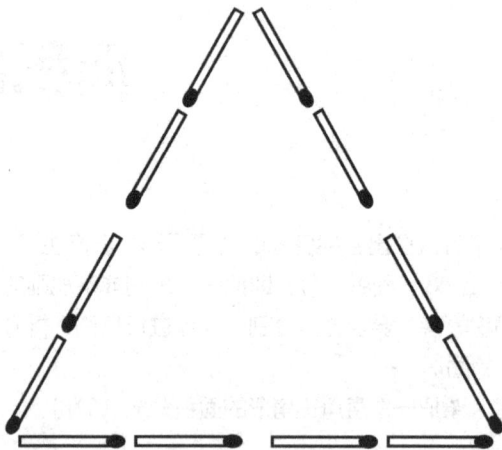

类似的问题，需要我们在充分了解相应的几何知识的基础上，运用较强的运算能力和全面观察、分析问题的能力，来顺利地解决问题。

如果你对这部分题目感到恐惧，那就多补充一些几何知识吧。

180. 三等分（1）

高级　　难度星级：★★★★★　　知识点：面积计算

下面是由 12 根火柴拼成的直角三角形，三边长度分别是 3 厘米、4 厘米、5 厘米，你能用 4 根火柴把这个三角形分成面积相等的 3 部分吗？（不要求形状相同。）

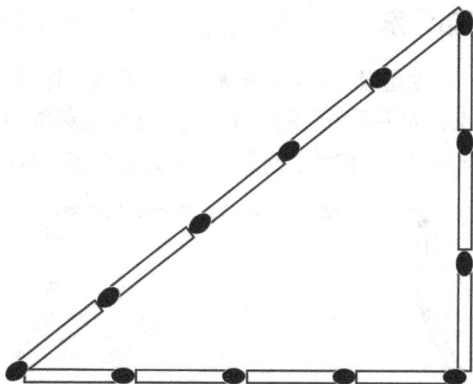

181. 缩小一半

中级　　难度星级：☆☆☆★★　　知识点：凹陷

下图是用12根火柴拼成的一个大正三角形。你能移动4根火柴，使其面积缩小为原来的一半吗？

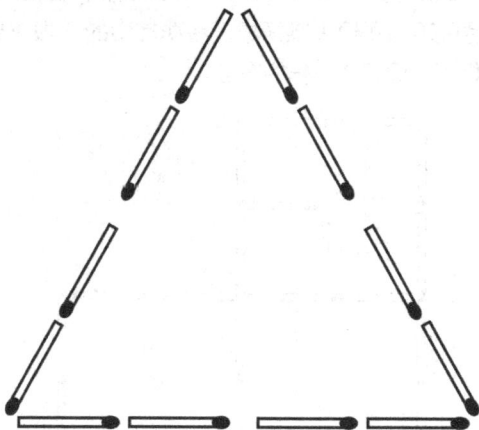

182. 三兄弟分家

高级   难度星级：☆★★★★   知识点：轮廓

一户人家有如下图所示的一块土地，3个兄弟要平分它，需要将它分成同样形状、同样大小的3块，你知道该怎么分吗？

183. 巧分4块

中级   难度星级：☆☆☆★★   知识点：找相同

下图的图形用24根火柴摆成。移动其中的2根火柴，使它变成4个形状相同，面积也一样的图形。

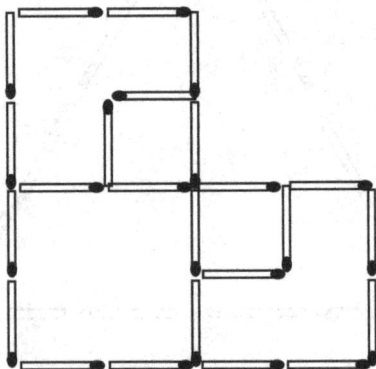

184. 分地

中级　　难度星级：☆☆★★★　　知识点：轮廓

一个财主，家里有一块地，形状如下图所示。他有 3 个儿子，儿子们长大后，财主决定把地分成 3 份给 3 个儿子。3 个儿子关系不和，分给每个人的地不仅面积要一样大，形状也得相同。该怎样分呢？

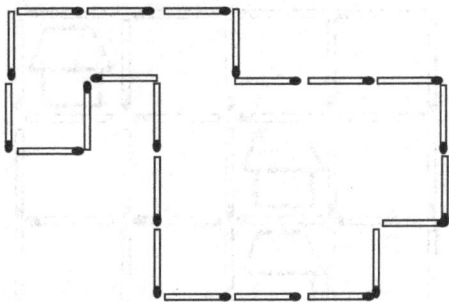

185. 分家

高级　　难度星级：☆★★★★　　知识点：对角线

两兄弟分家，其他的都分完了，最后剩下一块土地，如下图所示，不知道如何分。请问如何用一条直线将其分成两块面积相等的土地？

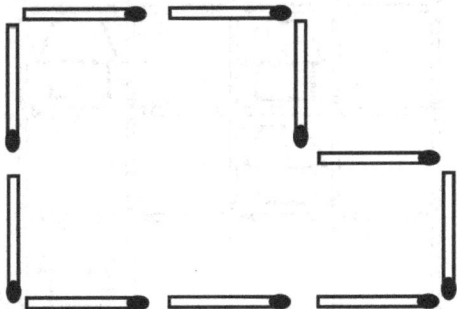

186. 分土地

高级   难度星级：☆★★★★   知识点：平铺

一个村子有 8 户人家，位置如下图所示。现在要给每户人家平均分配这些土地，要求每家的土地形状和大小（包含房子所在的格子）都完全一样，你知道该怎么分吗？

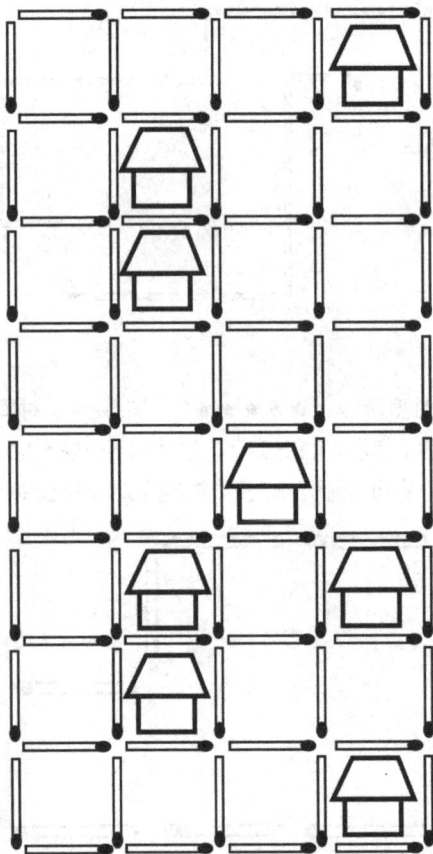

187. 四等分

中级　　难度星级：☆☆★★★　　知识点：轮廓

请把下图的图形分成形状和大小完全相同的 4 部分。

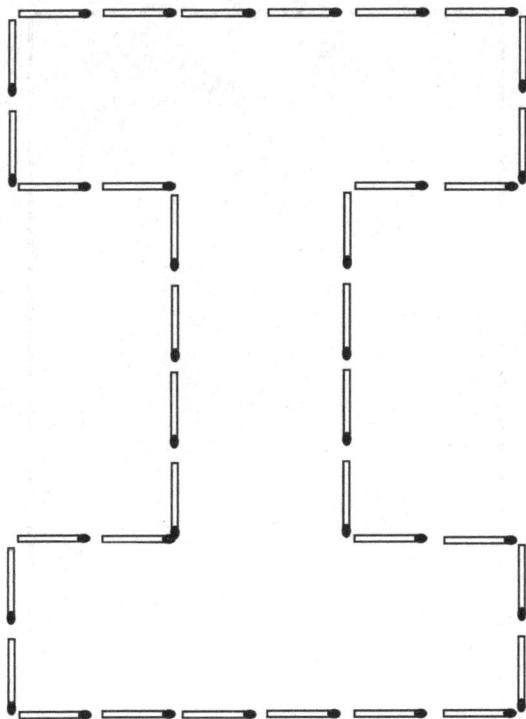

188. 长方形变正方形

高级　　难度星级：☆★★★★　　知识点：对角线

　　下图这个长方形的长由 16 根火柴构成，宽由 9 根火柴构成，你能把它分成大小相等，形状相同的 2 部分，然后拼成一个正方形吗？

189. 分成2份

中级　　难度星级：☆☆☆★★　　知识点：几何知识

把下图的图形平均分成2份，要求大小和形状都一样，而且不能破坏每个小正方形，一共有几种不同的分法？（对称、镜像、旋转算同一种。）

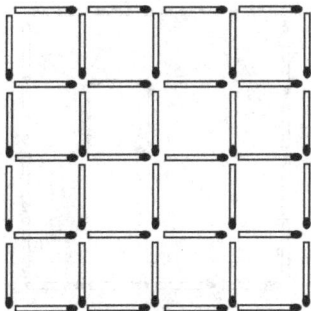

190. 分割数字

高级　　难度星级：☆★★★★　　知识点：平铺

把下图的正方形分割成形状和面积都相等的4份，要使每份上面的数字之和都相等，你知道该怎么分割吗？

5	1	2	9
6	2	4	3
3	1	5	7
8	3	4	1

191. 分院子

高级   难度星级：☆★★★★   知识点：面积法

下图是一个正方形的院子，中间的小正方形是间房子。现在请你增加 10 根火柴，把这个院子分成大小和形状相同的 5 部分，你知道怎么做吗？

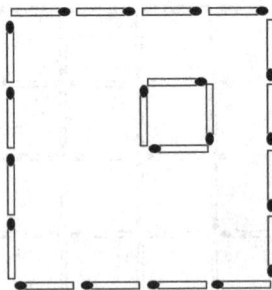

192. 三等分（2）

高级   难度星级：★★★★★   知识点：轮廓

请把下图这个不规则的图形分成 3 份，使它们的大小和形状完全相同。

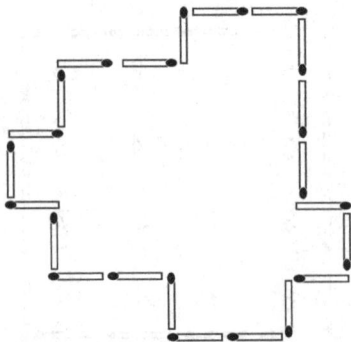

193. 等比变换

中级　　难度星级：☆☆★★★　　知识点：比例

下图2个图形的面积比是1:3，现在移动其中的6根火柴，使每个图形都变大，而且使它们的面积比依然是1:3。你知道该怎么移动吗？

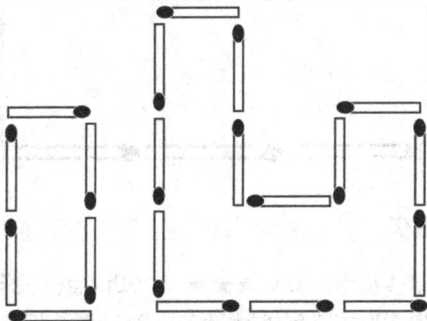

194. 比面积

中级　　难度星级：☆☆☆★★　　知识点：分割法

用2根火柴将9根火柴所组成的正三角形分为2部分。请问图形1和图形2哪个面积比较大？

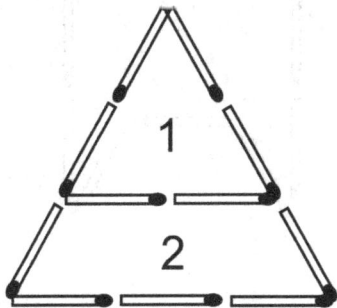

195. 面积相等

中级　　难度星级：☆☆★★★　　　知识点：增与减

移动2根火柴，并添加2根火柴，使新图形的面积与原图形的面积相等。

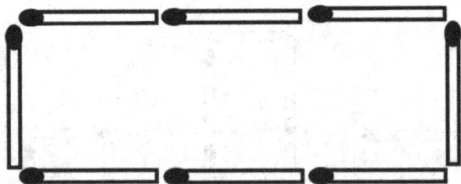

196. 面积减少

中级　　难度星级：☆☆★★★　　　知识点：凹陷

用10根火柴拼成下面的这幅图形，再给你2根火柴，并且移动图中的1根火柴，使它的面积减少1/4，你做得到吗？

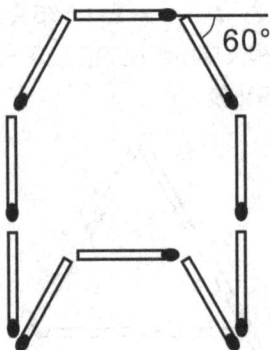

197. 依次变少

中级　　难度星级：☆☆☆★★　　知识点：凹陷

我们把1根火柴的长度设为1，用12根火柴可以搭出一个面积为9的正方形。现在移动2根火柴，你能让这个正方形的面积减少1吗？继续每次移动2根火柴，使其面积依次减少到3。你知道怎么做吗？

198. 依次增大

中级　　难度星级：☆☆☆★★　　知识点：凸出

我们把1根火柴的长度设为1，用12根火柴可以搭出一个面积为3的图形。现在移动2根火柴，你能让这个图形的面积增加1吗？每次移动2根火柴，使其面积依次增加到9。你知道怎么做吗？

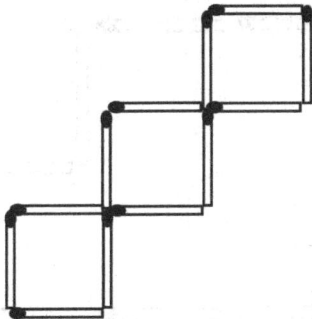

199. 分菜地

高级　　难度星级：☆★★★★　　知识点：面积法

兄弟 4 人平分一块如图所示的菜地。要求每人分得大小相同，形状也相同的菜地。给你 13 根火柴，请你帮他们解决这个难题吧。

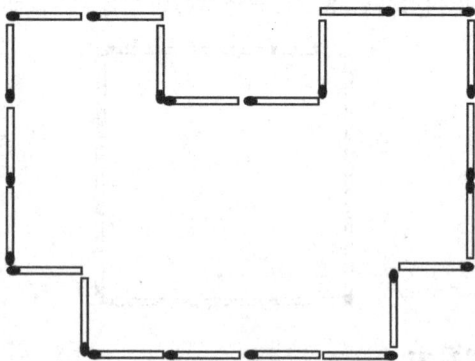

200. 三等分（3）

高级　　难度星级：★★★★★　　知识点：比例

下图是用 10 根火柴组成的图形，如何再用 5 根火柴将其分割成三等份？

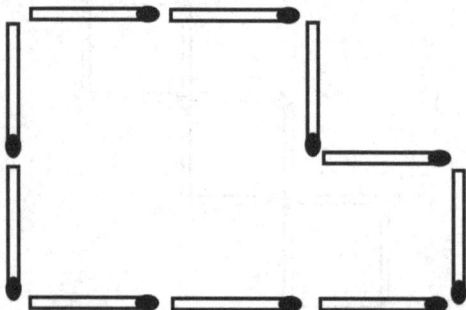

201. 面积相同

中级　　难度星级：☆☆★★★　　知识点：凹与凸

如下图所示，用5根火柴拼成等边梯形。然后移动5根火柴中的2根火柴，再加入1根火柴，拼成与原来梯形面积相同的图形。你知道怎么做吗？

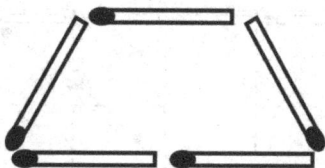

202. 平分两部分

高级　　难度星级：☆★★★★　　知识点：对称图形

请在下面的图形中去掉1根火柴，使剩下的图形可以被分成2个一样的图形。

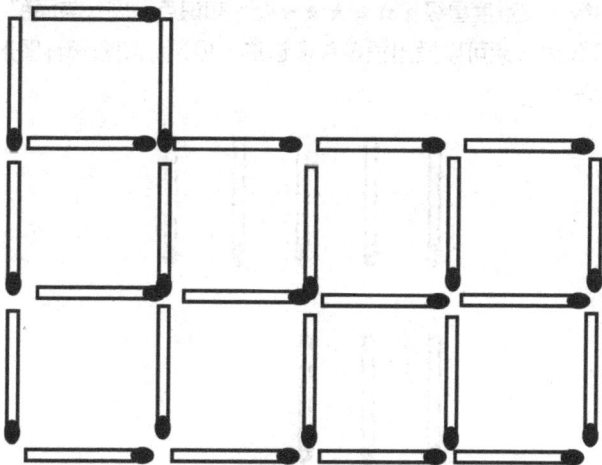

203. 减少一半

中级   难度星级：☆☆★★★   知识点：面积法

下面有一个 4×3 的方格，用 12 根火柴可以把这个方格分成 2 部分，围起来的部分的面积正好占整个面积的一半。请你移动其中的 4 根火柴，使火柴围成的面积再减少一半。你知道怎么移动吗？

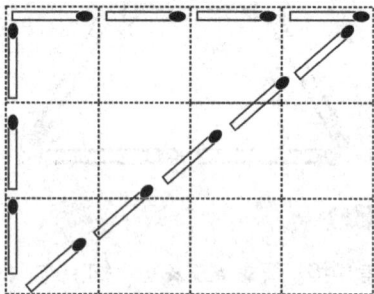

204. 面积最大

中级   难度星级：☆☆★★★   知识点：周长与面积

用 8 根火柴可以摆出很多种多边形，但是你知道哪种图形的面积最大吗？

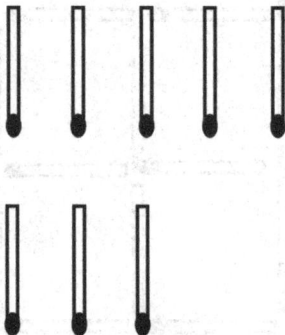

205. 相同的图形

中级　　难度星级：☆☆★★★　　知识点：面积法

在下图中，去掉 4 根火柴，使它变成 2 个完全相同的图形。

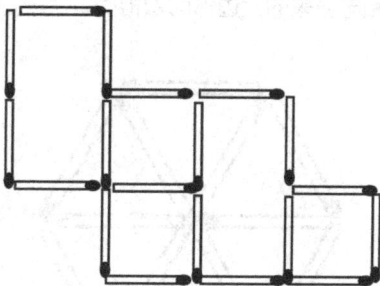

206. 面积 3 倍

中级　　难度星级：☆☆☆★★　　知识点：面积法

如下图所示，这是用 12 根火柴拼成的图形，现在请你再用 12 根火柴拼一个图形，使它的面积是这个图形面积的 3 倍。你知道怎么拼吗？

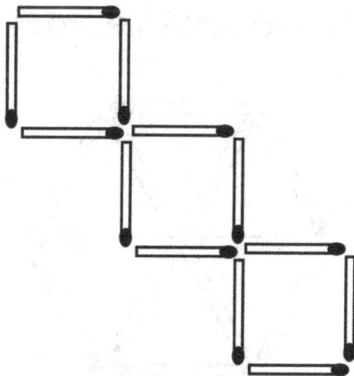

207. 移动 4 根火柴

中级　　难度星级：☆☆★★★　　知识点：面积增减

在下图中移动 4 根火柴，使图形变成 3 个三角形，并且这 3 个三角形的面积之和与原来的六边形面积相同。

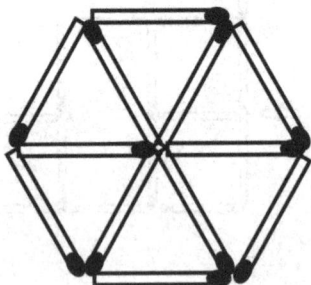

208. 6 变 3

中级　　难度星级：☆☆☆★★　　知识点：多变少

下图是由 12 根火柴拼成的六边形，请你拿走其中的 4 根火柴，使它变成 3 个大小和形状都相同的三角形。你知道该怎么拿吗？

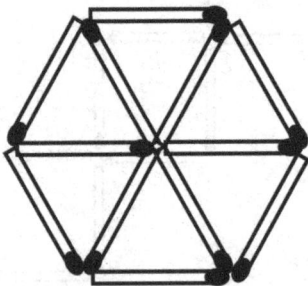

209. 羊圈

中级　　难度星级：☆☆☆★★　　知识点：改变形状

下面的 13 根火柴代表 13 块栅栏，它们围成了下图的 6 个羊圈。某天，栅栏坏掉了 1 块。你能不能想办法用剩下的 12 块栅栏围出 6 个大小和形状相同的羊圈呢？

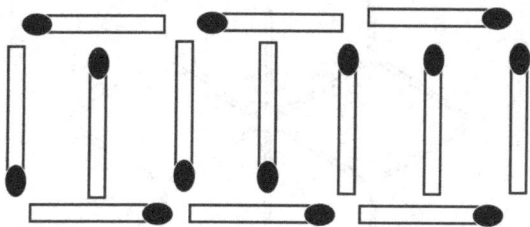

210. 大小相同（1）

中级　　难度星级：☆☆☆★★　　知识点：少变多

只移动 2 根火柴，你能使下图变成 8 个与原来大小相同的正方形吗？

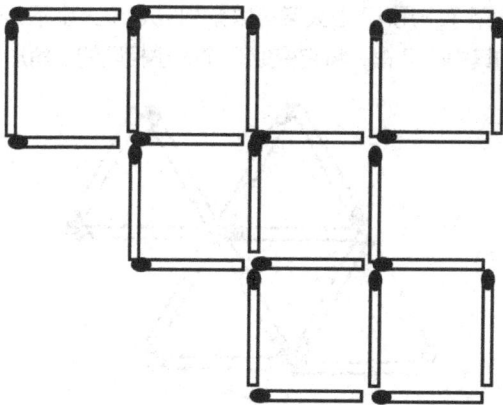

211. 大小相同（2）

中级　　难度星级：☆☆★★★　　知识点：等边三角形

移动图中的 4 根火柴，使图形变成 8 个大小相同的三角形。

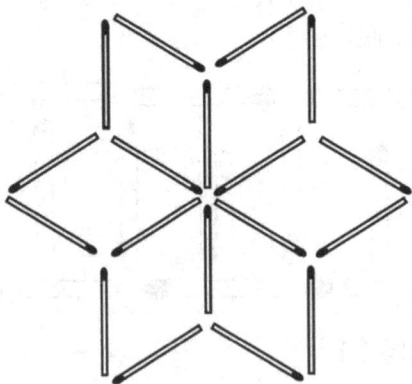

212. 大小相等

中级　　难度星级：☆☆★★★　　知识点：大图形拆分

如下图所示，用 12 根火柴可以排列成 6 个大小不一的三角形。你能只移动其中的 2 根，将它变成 6 个大小相同的三角形吗？

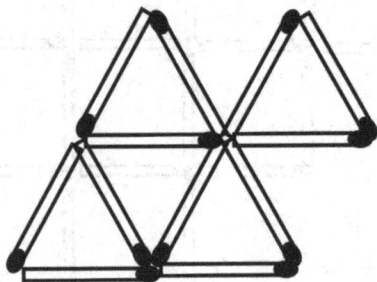

213. 形状相同

高级　难度星级：☆★★★★　知识点：轮廓

下图是由 20 根火柴拼成的 4 个正方形。要求你只移动其中的 4 根火柴，使它变成 3 个大小相等、形状相同的图形。你知道该怎么移动吗？

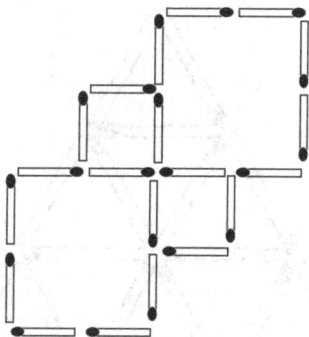

214. 摆正方形

高级　难度星级：☆★★★★　知识点：不交叉

用 15 根火柴摆出 8 个大小相等的小正方形，火柴不允许交叉也不允许折断。你知道怎么摆吗？

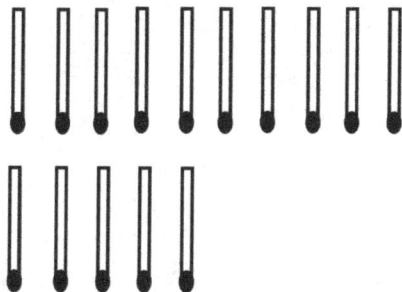

215. 按要求拿火柴

中级   难度星级：☆☆★★★   知识点：图形的拆分

用 18 根火柴摆出 9 个大小相同的小三角形，如下图所示，9 个三角形加在一起为一个大三角形。每次拿掉大三角形的 1 根火柴，使它减少 1 个小三角形，最后留下大小相同的 5 个三角形。

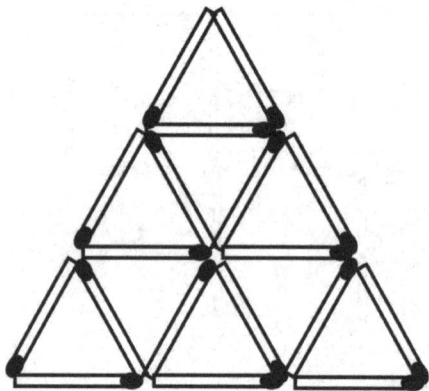

第六章

增减火柴

前面我们已经学会了用火柴棒摆出一些基本图形，也学会通过移动火柴棒，使它们发生一些有趣的转化。在本篇中，我们将学习增、减算式中的火柴棒，使算式发生奇妙的变化。

增：添加、增加——火柴数量增多。

减：拿走、去掉——火柴数量减少。

下面我们来看一看数字 0~9 增加 1 根火柴和减少 1 根火柴分别可以变成哪些数字。

增加 1 根火柴：

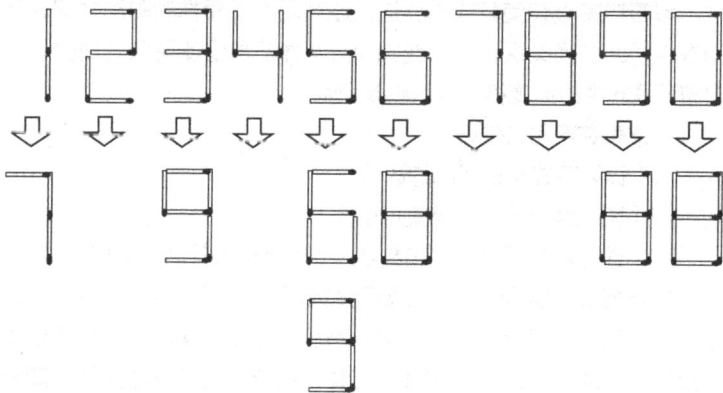

减少 1 根火柴：

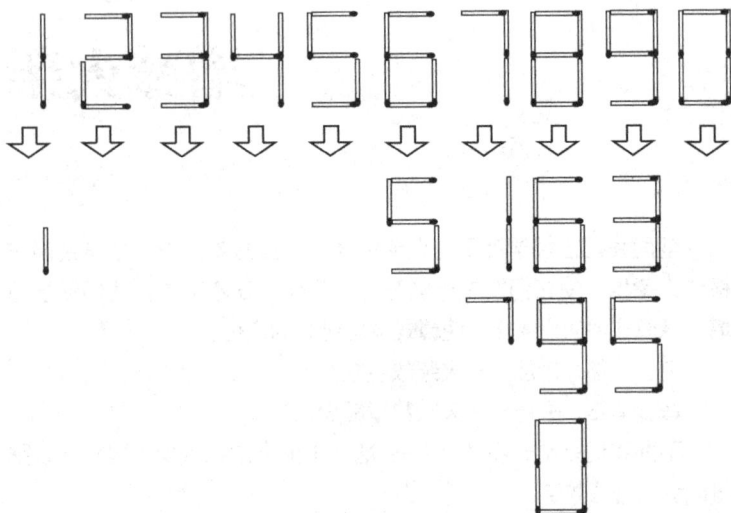

解答增减火柴使算式成立这类题目需要发挥你的聪明才智，利用数字间的变换关系，增加或减少火柴棒的数量使得算式成立。不要忘记算式中的运算符号也可以改变哦。

火柴棒变算式的技巧：

（1）计算等式左右两端的数值；

（2）比较大小（大变小或者小变大）；

（3）通过观察运算符号和数字之间的特点来移动火柴棒。

想要解决这类问题，首先要明确结果，有目标地去尝试。在结果比较清晰时，可以先写出结果，然后按照结果移动火柴；在结果不是很清晰时，可以通过观察、计算、找特殊数等方法让结果清晰起来，然后再尝试移动火柴。

216. 新数字（1）

初级　　难度星级：☆☆☆☆★　　知识点：数字的转化

去掉1根火柴，使下面的数字变成一个新数字。你知道怎么做吗？

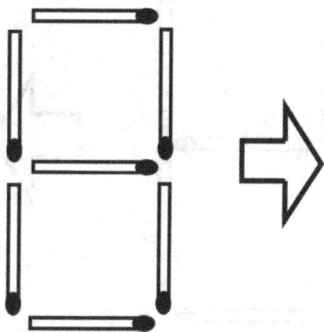

217. 新数字（2）

初级　　难度星级：☆☆☆☆★　　知识点：数字的转化

去掉1根火柴，使下面的数字变成一个新数字。你知道怎么做吗？

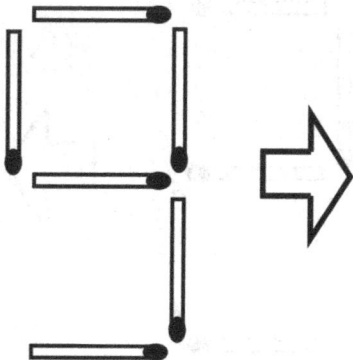

218. 新数字（3）

初级　　难度星级：☆☆☆☆★　　知识点：数字的转化

添加1根火柴，使下面的数字变成一个新数字。你知道怎么做吗？

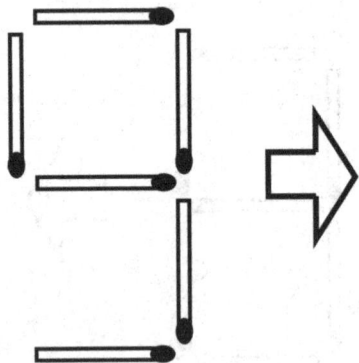

219. 新数字（4）

初级　　难度星级：☆☆☆☆★　　知识点：数字的转化

添加1根火柴，使下面的数字变成一个新数字。你知道怎么做吗？

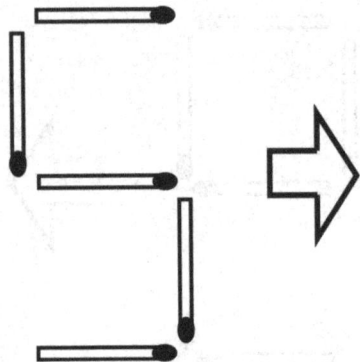

220. 减法运算（1）

初级　　难度星级：☆☆☆☆★　　知识点：数字的拼法
在下面式子中去掉1根火柴，使等式成立。

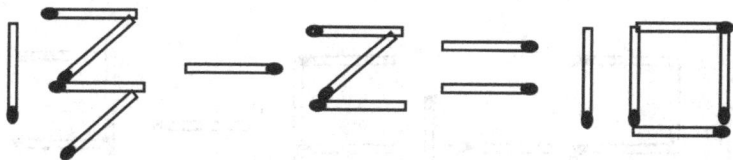

221. 减法运算（2）

初级　　难度星级：☆☆☆☆★　　知识点：数字的拼法
在下面式子中添加1根火柴，使等式成立。

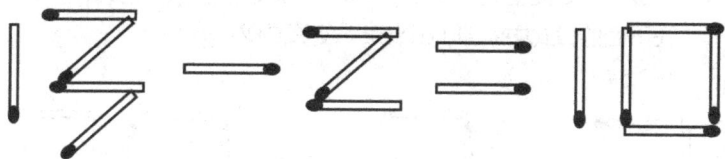

222. 改算式

中级　　难度星级：☆☆★★★　　知识点：计算法
在下图由火柴摆成的算式中，添加或去掉1根火柴，使算式成立。

223. 错误的等式

中级　　难度星级：☆☆☆★★　　知识点：数字的转化

下图用火柴摆成的算式是错的。请在式中去掉或添加1根火柴，使算式成立。

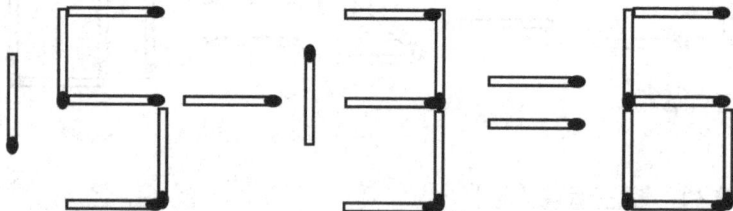

224. 简单的乘法

中级　　难度星级：☆☆☆★★　　知识点：数字的转化

在下面的算式中添加1根火柴，使算式成立。

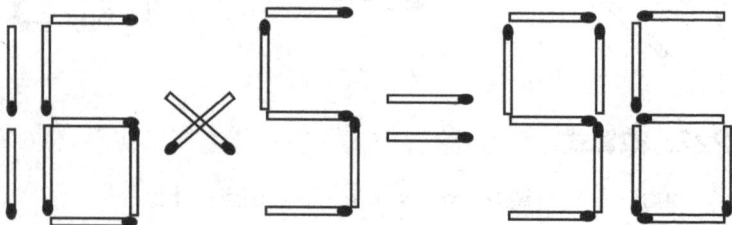

225. 等式

中级　　难度星级：☆☆★★★　　知识点：数字的转化

下面用火柴摆成的算式是错的。请在式中去掉或添加 1 根火柴，使算式成立。

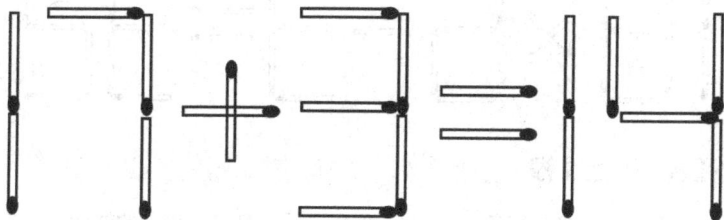

226. 添加 1 根火柴

中级　　难度星级：☆☆★★★　　知识点：数字的转化

下面的算式是错误的。请添加 1 根火柴，使它变成正确的算式。

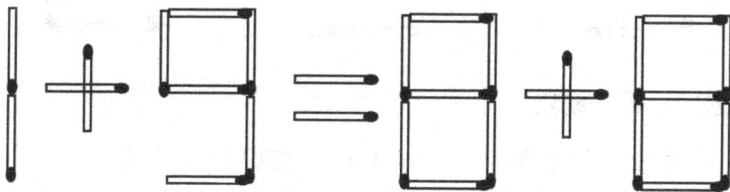

227. 添上还是去掉

中级　　难度星级：☆☆★★★　　知识点：数字的转化

在下面的式子里添加或者去掉1根火柴，使等式成立。

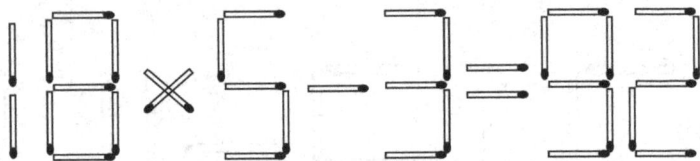

228. 添上1根

中级　　难度星级：☆☆☆★★　　知识点：数字的转化

请你在下面的算式中添加1根火柴，使算式成立。

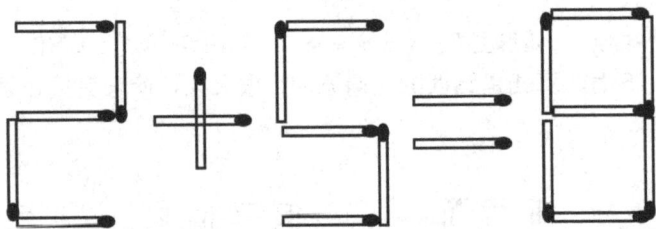

229. 等式成立

中级　　难度星级：☆☆★★★　　知识点：计算法

在下面由火柴摆成的算式中，请你添加或去掉1根火柴，使算式成立。

230. 正确的算式

初级　难度星级：☆☆☆☆★　知识点：数字的转化

在下面的算式中添加或拿走1根火柴，使各式变成正确的算式。

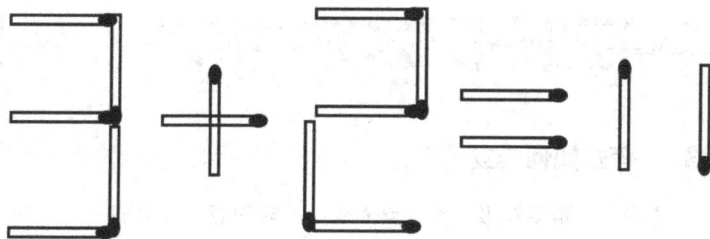

231. 减法成立

中级　难度星级：☆☆★★★　知识点：数字的转化

在下面的算式中添加或拿走1根火柴，使其变成正确的算式。

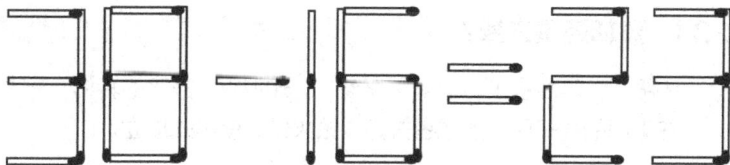

232. 火柴游戏

中级　　难度星级：☆☆☆★★　　知识点：计算法

在下面由火柴摆成的算式中，添加或去掉1根火柴，使算式成立。

442I+I2×7=II7—7—I

233. 等式如何成立

中级　　难度星级：☆☆☆★★　　知识点：计算法

在下面由火柴摆成的算式中，添加或去掉1根火柴，使等式成立。

772—I244—4I7=III

234. 添加还是去掉？

中级　　难度星级：☆☆★★★　　知识点：数字的转化

在下面的式子里添加或者去掉1根火柴，使等式成立。

80×6+I72=700

235. 去掉3根

高级　　难度星级：☆★★★★　　知识点：数字的转化

在下面的式子里去掉3根火柴，使等式成立。

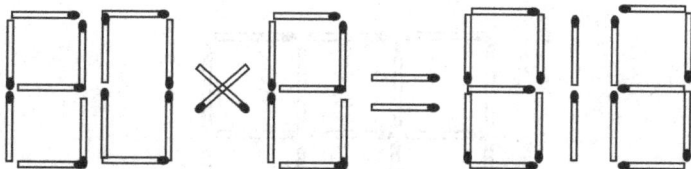

236. 增加菱形

高级　　难度星级：★★★★★　　知识点：大变小

下图是由16根火柴摆成的3个菱形。请你每次移动2根火柴，使得每次移动后的，菱形数量都增加1个，连续移动5次。你知道该怎么移动吗？

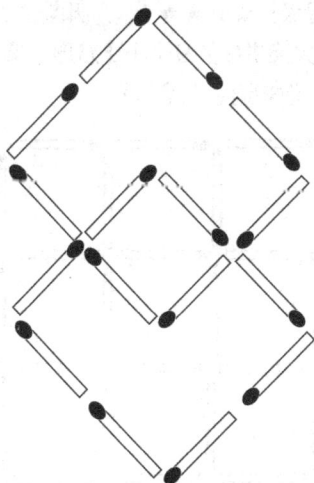

237. 9变5（1）

中级　难度星级：☆☆★★★　知识点：多变少

下图是由24根火柴拼成的9个小正方形。拿走其中的4根火柴，得到5个小正方形，你知道怎么拿吗？

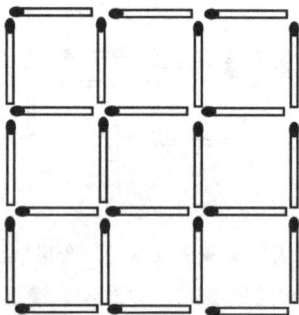

238. 9变5（2）

中级　难度星级：☆☆★★★　知识点：多变少

下图是由24根火柴拼成的9个小正方形。拿走其中的6根火柴，得到5个小正方形，你知道怎么拿吗？

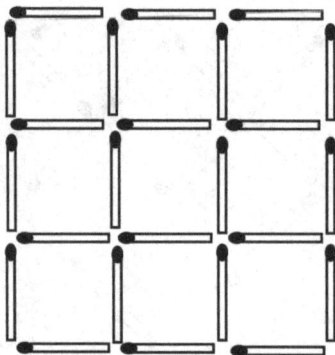

239. 9变5（3）

中级　　难度星级：☆☆★★★　　知识点：多变少

下图是由24根火柴拼成的9个小正方形。拿走其中的8根，得到5个小正方形，你知道怎么拿吗？

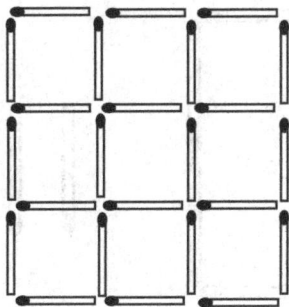

240. 正六边形

高级　　难度星级：☆★★★★　　知识点：大图形的拆分

这是一个用12根火柴组成的正六边形。请你再添加18根火柴，使正六边形的数量变为7个。你知道怎么做吗？

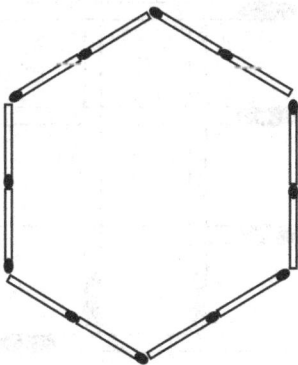

241. 长方形变正方形

中级　　难度星级：☆☆☆★★　　知识点：重复利用

用6根火柴可以围成如下图的长方形，你能添加3根火柴，使其变成3个正方形吗？

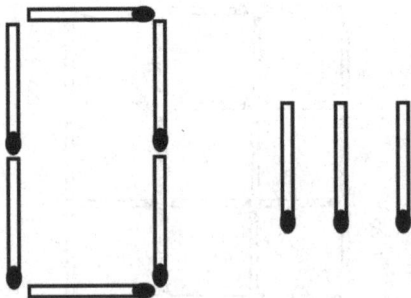

242. 8根火柴

中级　　难度星级：☆☆☆★★　　知识点：多变少

下图是由8根火柴组成的14个正方形。请拿走2根火柴，使正方形的数量变成3个。你知道怎么做吗？

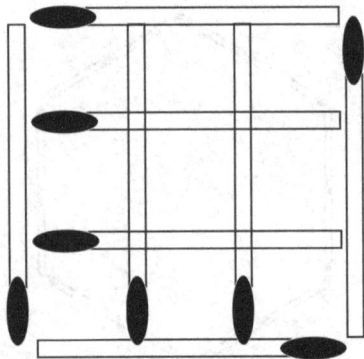

243. 10 个梯形

中级　　难度星级：☆☆★★★　　知识点：数列

用 5 根火柴可以搭出一个梯形，如下图所示。请问搭 10 个连在一起的梯形需要用多少根火柴？

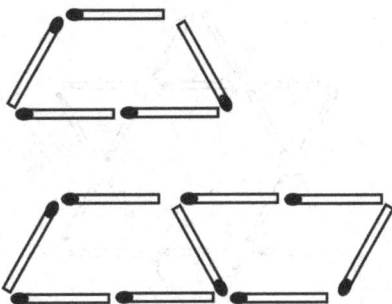

244. 变菱形

中级　　难度星级：☆☆☆★★　　知识点：重复利用

下图是一个用火柴拼成的六角星，请移动 6 根火柴，使其变成 6 个菱形。你知道怎么做吗？

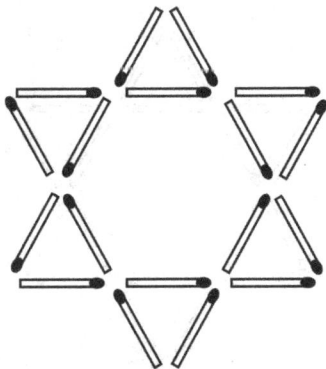

245. 变三角形（1）

中级　　难度星级：☆☆★★★　　知识点：重复利用

下图是一个用火柴拼成的六角星，请移动 6 根火柴，使其变成 13 个等边三角形。你知道怎么做吗？

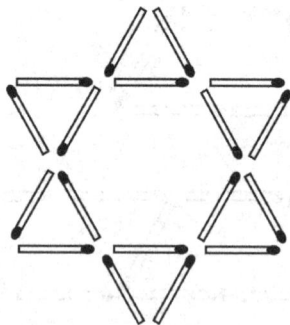

246. 变三角形（2）

中级　　难度星级：☆☆★★★　　知识点：公共边

下图是一个用火柴拼成的六角星，请移动 4 根火柴，使其变成 10 个三角形。你知道怎么做吗？

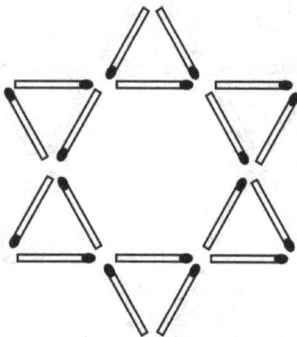

247. 六角星

中级　　难度星级：☆☆★★★　　知识点：多变少

下图是由 18 根火柴组成的六角星，其中包含 8 个三角形。请你拿走其中的 2 根火柴，使其变成 6 个三角形。你知道该怎么做吗？

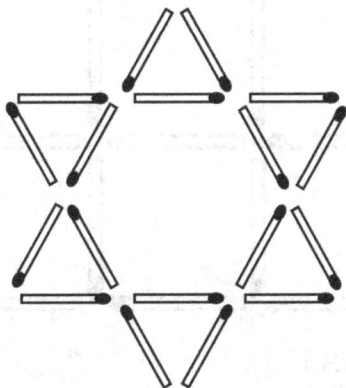

248. 取火柴（1）

中级　　难度星级：☆☆★★★　　知识点：多变少

取走 3 根火柴，使下图中只剩下 4 个相同的正方形。

249. 取火柴（2）

中级　　难度星级：☆☆★★★　　知识点：多变少

取走 4 根火柴，使下图中只剩下 4 个相同的正方形。

250. 取火柴（3）

中级　　难度星级：☆☆★★★　　知识点：多变少

取走 5 根火柴，使下图中只剩下 3 个相同的正方形。

251. 取火柴（4）

中级　　难度星级：☆☆★★★　　知识点：多变少

取走 6 根火柴，使下图中只剩下 3 个相同的正方形。

252. 取火柴（5）

中级　　难度星级：☆☆★★★　　知识点：多变少

取走 4 根火柴，使下图中只剩下 4 个正三角形。

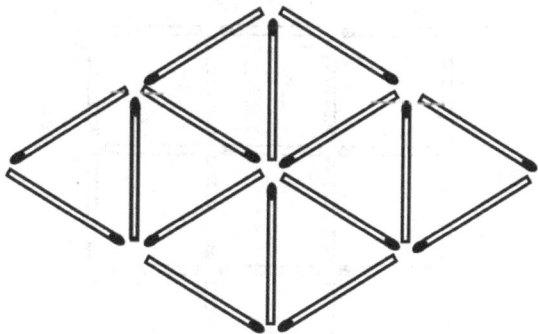

253. 取火柴（6）

高级　　难度星级：☆★★★★　　知识点：多变少

取走 8 支火柴，使下图中只剩下 4 个正方形。

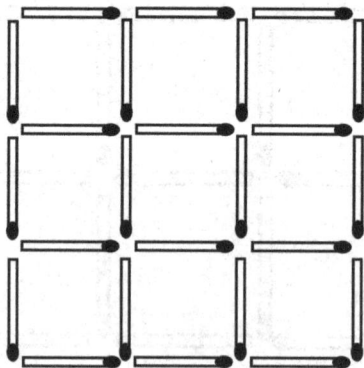

254. 取火柴（7）

中级　　难度星级：☆☆★★★　　知识点：多变少

取走 8 支火柴，使下图中只剩下 5 个正方形。

255. 只剩8个

中级　　难度星级：☆☆★★★　　知识点：多变少

请从下图中移走 4 根火柴，使其只剩下 8 个大小相等的小正方形。

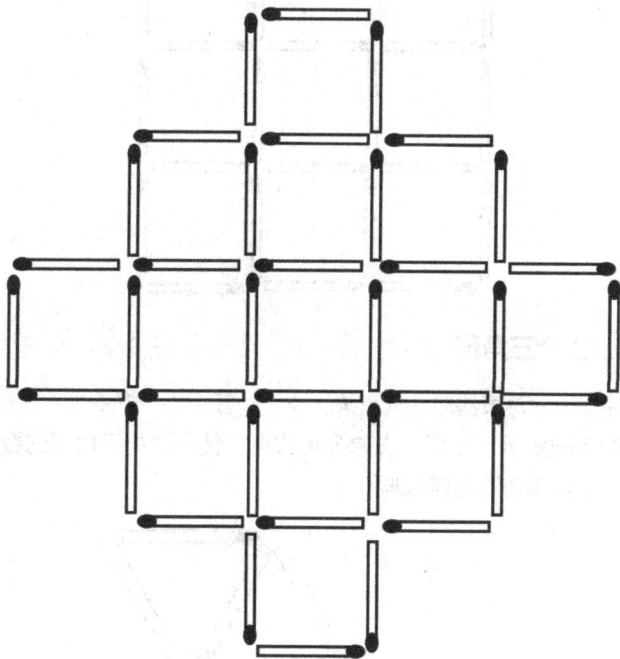

256. 得到工钱

中级　　难度星级：☆☆★★★　　知识点：多变少

长工张三给地主打工一年都没有拿到工钱，这天他向地主讨要工钱，地主说："我们来玩火柴游戏吧，如果你赢了，我马上把工钱全给你，一分不少。"只见地主按下图的样子用24根火柴围成了9个正方形，要求长工移走其中的8根火柴，使其只剩3个正方形。

你能帮长工解出这道题，得到工钱吗？

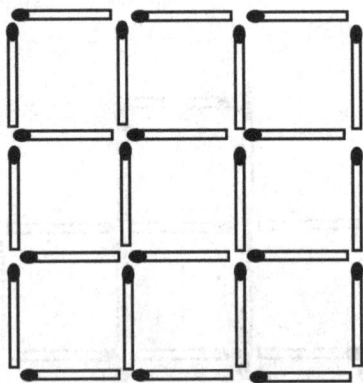

257. 3个三角形

中级　　难度星级：☆☆★★★　　知识点：多变少

如下图所示，在图中去掉3根火柴，使下图中三角形的数量只有3个。你知道该怎样做吗？

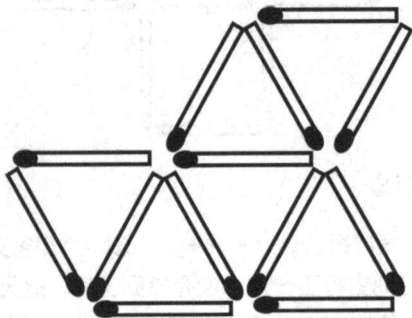

258. 只剩2个

中级　　难度星级：☆☆★★★　　知识点：多变少

去掉2根火柴，使下图中只剩2个正方形。你知道怎么移动吗？

259. 拿掉火柴（1）

中级　　难度星级：☆☆★★★　　知识点：多变少

用24根火柴能组成下面的图形。请拿掉8根火柴，使下图中只剩2个正方形。

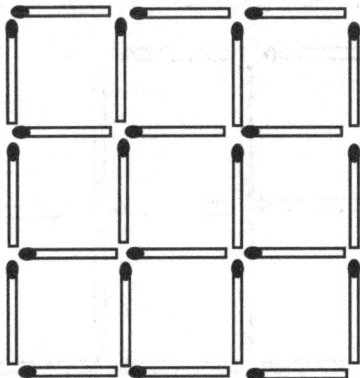

260. 拿掉火柴（2）

中级　　难度星级：☆☆★★★　　知识点：多变少

用24根火柴能组成下面的图形。请拿掉6根火柴，使下图中只剩3个正方形。

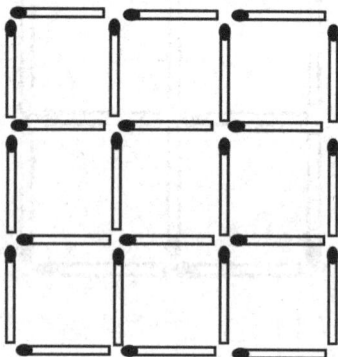

261. 拿掉火柴（3）

中级　　难度星级：☆☆★★★　　知识点：多变少

拿掉3根火柴，使下图中只剩3个正方形，怎样拿呢？

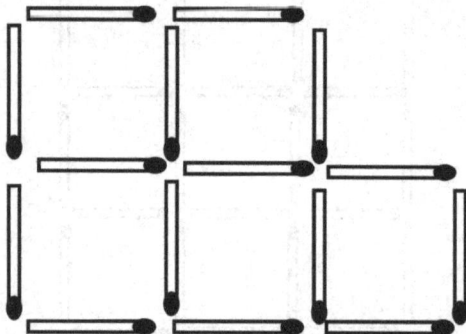

第七章

移动成等式

前面我们学习了用增减火柴数的方式使等式成立，本篇我们来学习一下用移动火柴棒的方式使等式成立。

我们知道，用火柴棒摆算式是火柴游戏最经典也是最常见的一种形式。

有些数字和符号，在去掉、添加或移动一根或几根火柴后是可以相互转化的。

移动：不改变火柴棒的数量，只是改变位置。

移除、拿走：火柴棒数量减少，其他的火柴棒位置不动。

增加、添加：火柴棒数量变多，其他的火柴棒位置不动。

我们在做移动变等式类的火柴棒题目时，就要利用这些变化，改变算式中的数字或符号，使之符合题目要求。这就要求我们能够熟悉 0~9 这 10 个数字都是如何摆成的，以及它们之间有什么联系。

下面我们来看一下下面几个数字移动一根火柴分别可以变成什么数字？

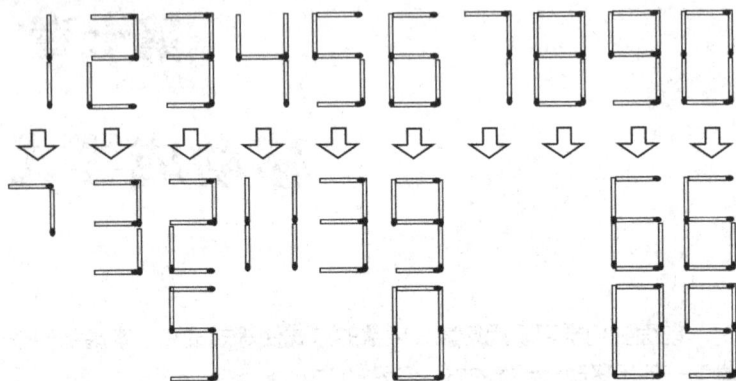

我们发现 7、8 这两个数字是没法通过移动一根火柴变成其他数字的。另外，数字 1 没法再减少火柴，而数字 8 没法再增加火柴。此外，有些数字经过增加火柴或者去掉火柴是可以变成其他数字的，大家可以试着做一下。

火柴既然能拼数字，当然也能拼出一道道数学算式，但有时候这些算式都有一些小错误，需要你动脑筋，想办法，移动 1 根或几根火柴把这些算式变成正确的等式。

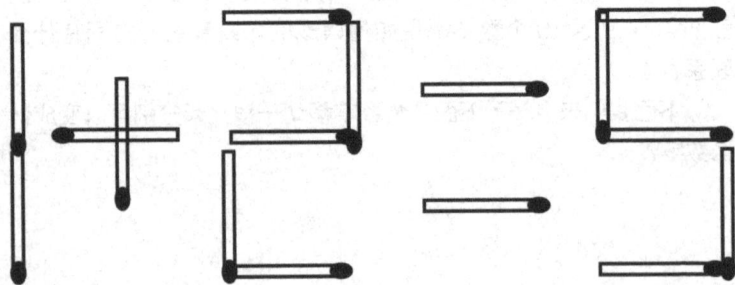

　　咦！1+2不是等于3，怎么是5呢！我们只要把5变成3算式就成立了，也就是把5左上角的1根火柴移到右上角牢牢记住这些结论，对我们快速准确地做类似的火柴棒算式题目很有帮助。

　　仅需要移动1根火柴棒就能使错误的等式变成正确的等式，这类题目是相对比较简单的。我们可以分析某个数字自身变换的可能性，或者与某个其他数字或运算符共同变化，从而使错误的等式变成正确的等式。

　　解答这类题目需要先分析错误等式中的运算偏差情况，判断其中的哪个数字需要变换，是变大还是变小，加减号之间是否需要变换，同时还需要考虑增加或减少的火柴的来源或去向。这就要求我们有比较强的逻辑思维能力，需要考虑多一些的影响因素。

　　如果需要移动2根火柴棒才能使错误的等式变成正确的等式，这类题目的难度就会大大增加，因为会有更多的可能性，所以有的题目会有多种答案。解答这类问题我们需要先进行简单计算，分析错误等式中的运算偏差情况。确定哪几个数字或运算符需要变换，是变大还是变小，加减号是否需要变换，同时还要考虑增加或减少的火柴的来源或去向。

　　如果需要移动3根火柴棒才能使错误的等式变成正确的等式，这类题目是超级难的，需要运用你的超级大脑综合考虑，从多方面尝试。如果你依然能够轻松自如地找出答案，那么恭喜你，你的逻辑思维能力已经处于高手行列了。

262. 变成新数字

初级　难度星级：☆☆☆☆★　知识点：数字的转化
移动下面每个数字中的一根火柴，使它们变成一个新的数字。

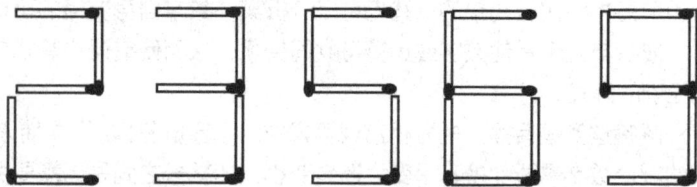

263. 等式成立（1）

中级　难度星级：☆☆☆★★　知识点：数字的转化
请移动1根火柴，使下面的等式成立。

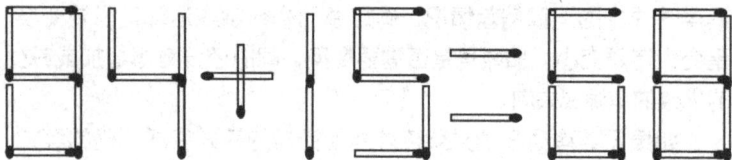

264. 等式成立（2）

中级　难度星级：☆☆★★★　知识点：数字的转化
请移动1根火柴，使下面的等式成立。

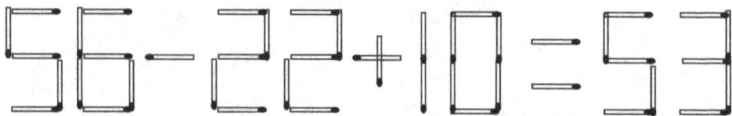

265. 等式成立（3）

中级　难度星级：☆☆★★★　知识点：数字的转化
请移动2根火柴，使下面的等式成立。

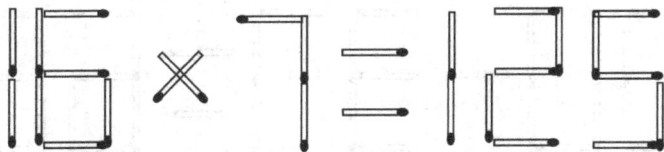

16 × 7 = 125

266. 等式成立（4）

初级　难度星级：☆☆☆☆★　知识点：数字的转化
请移动1根火柴，使下面的等式成立。

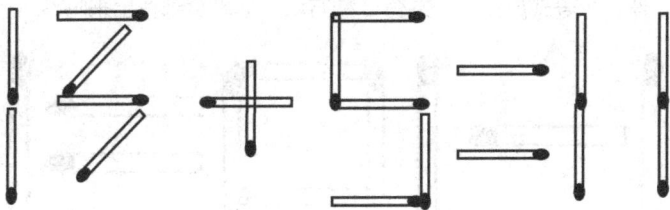

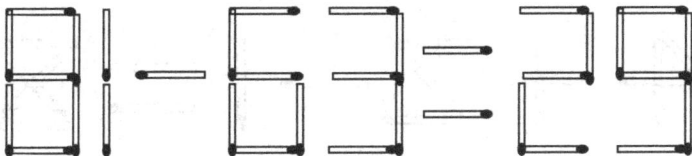

17 + 5 = 11

267. 等式成立（5）

初级　难度星级：☆☆☆☆★　知识点：数字的转化
请移动1根火柴，使下面的等式成立。

81 - 63 = 29

268. 等式成立（6）

初级　　难度星级：☆☆☆☆★　　知识点：数字的转化

请移动1根火柴，使下面的等式成立。

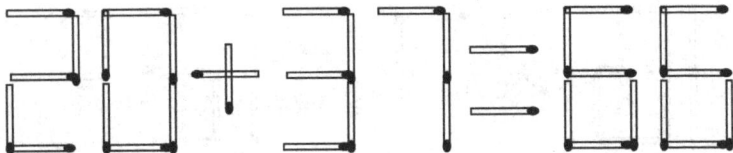

269. 等式成立（7）

初级　　难度星级：☆☆☆☆★　　知识点：计算法

下图是一个用火柴摆成的算式，它是错误的，请你移动1根火柴，使这个等式成立。一共有3种方法，你能全部找出来吗？

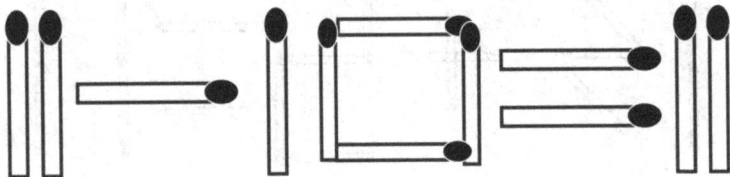

270. 等式成立（8）

中级　　难度星级：☆☆★★★　　知识点：平移

移动2根火柴，使下面的等式成立。你知道该怎么做吗？

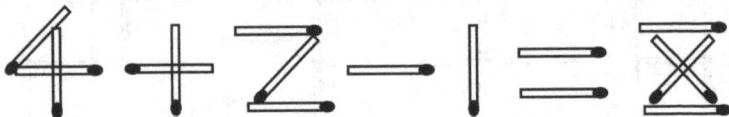

271. 等式成立（9）

初级　　难度星级：☆☆☆☆★　　知识点：数字的转化

下面用火柴摆成的算式是错误的。请你移动1根火柴，使等式成立。你知道怎么做吗？

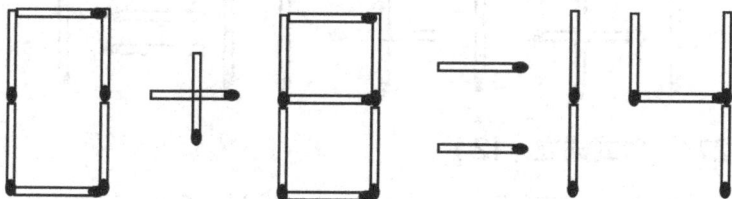

272. 等式成立（10）

初级　　难度星级：☆☆☆☆★　　知识点：数字的转化

下面是用火柴棒摆成的算式，但这个算式是不成立的。你能只移动1根火柴棒，就使这个等式成立吗？

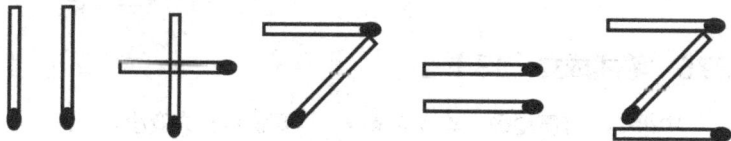

273. 等式成立（11）

中级　　难度星级：☆☆☆★★　　知识点：数字的转化

下面是用火柴棒摆成的算式，但这个算式是不成立的。你能只移动1根火柴棒，就使这个等式成立吗？

274. 等式成立（12）

中级　　难度星级：☆☆☆★★　　知识点：数字的转化

下面是用火柴棒摆成的算式，但这个算式是不成立的。你能只移动1根火柴棒，就使这个等式成立吗？

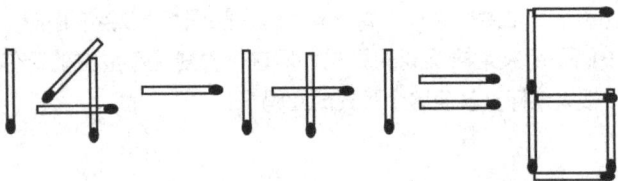

275. 等式成立（13）

中级　　难度星级：☆☆☆★★　　知识点：大变小

下面是用火柴棒摆成的算式，但这个算式是不成立的。你能只移动1根火柴棒，就使这个等式成立吗？

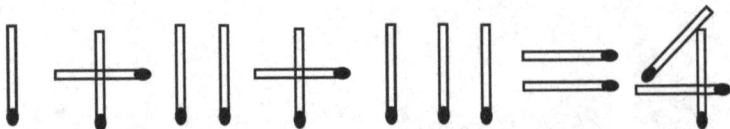

276. 等式成立（14）

初级　　难度星级：☆☆☆☆★　　知识点：数字的转化

下面是用火柴棒摆成的算式，但这个算式是不成立的。你能只移动1根火柴棒，就使这个等式成立吗？

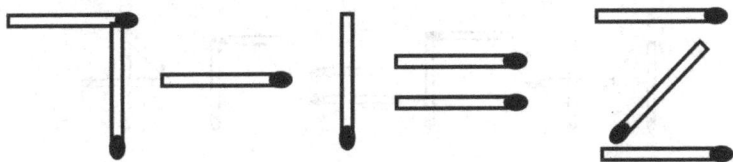

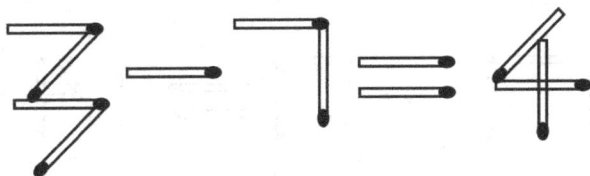

277. 等式成立（15）

中级　　难度星级：☆☆☆★★　　知识点：数字的转化

下面是用火柴棒摆成的算式，但这个算式是不成立的。你能只移动1根火柴棒，就使这个等式成立吗（两种方法）？

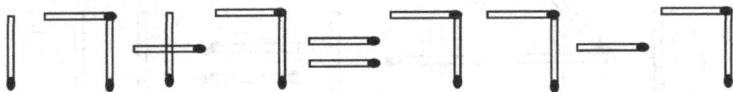

278. 等式成立（16）

初级　　难度星级：☆☆☆☆★　　知识点：数字的转化

下面是用火柴棒摆成的算式，但这个算式是不成立的。你能只移动1根火柴棒，就使这个等式成立吗？

279. 等式成立（17）

初级   难度星级：☆☆☆☆★   知识点：数字的转化

下面是用火柴棒摆成的算式，但这个算式是不成立的。你能只移动1根火柴棒，就使这个等式成立吗？

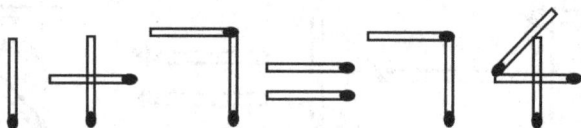

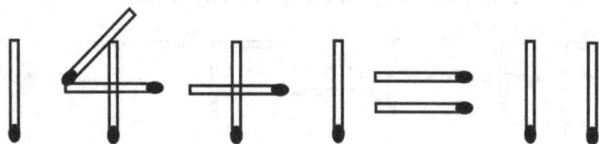

1 + 7 = 7 4

280. 等式成立（18）

初级   难度星级：☆☆☆☆★   知识点：数字的转化

下面是用火柴棒摆成的算式，但这个算式是不成立的。你能只移动1根火柴棒，就使这个等式成立吗？

14 + 1 = 11

281. 等式成立（19）

初级   难度星级：☆☆☆☆★   知识点：数字的转化

下面是用火柴棒摆成的算式，但这个算式是不成立的。你能只移动1根火柴棒，就使这个等式成立吗？

17 - 7 = 14

282. 等式成立（20）

初级　　难度星级：☆☆☆☆★　　知识点：数字的转化

请移动1根火柴，使下面的等式成立。

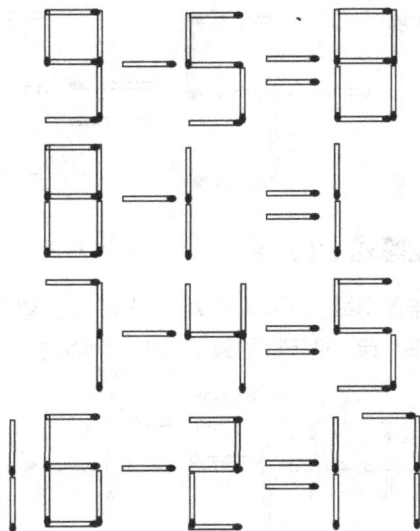

283. 等式成立（21）

初级　　难度星级：☆☆☆☆★　　知识点：数字的转化

请移动1根火柴，使下面的等式成立。

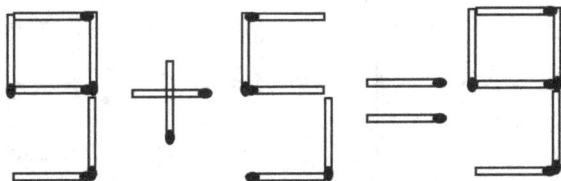

284. 等式成立（22）

初级　　难度星级：☆☆☆☆★　　知识点：数字的转化

请移动1根火柴，使下面的等式成立。

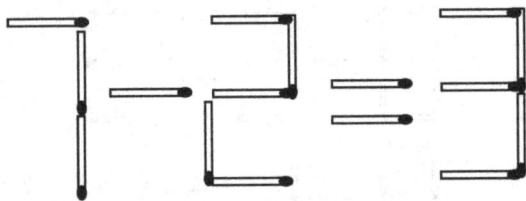

285. 算式变等式（1）

初级　　难度星级：☆☆☆☆★　　知识点：数字的转化

请移动1根火柴，使下面的算式变成一个等式。

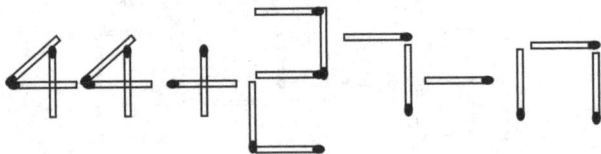

286. 等式成立（23）

初级　　难度星级：☆☆☆☆★　　知识点：数字的转化

请移动1根火柴，使下面的等式成立。

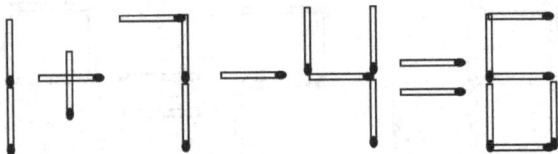

287. 等式成立（24）

初级　难度星级：☆☆☆☆★　　知识点：数字的转化

请移动 1 根火柴，使下面的等式成立。

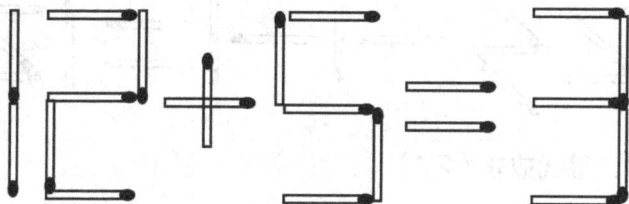

288. 等式成立（25）

初级　难度星级：☆☆☆☆★　　知识点：数字的转化

请移动 1 根火柴，使下面的等式成立。

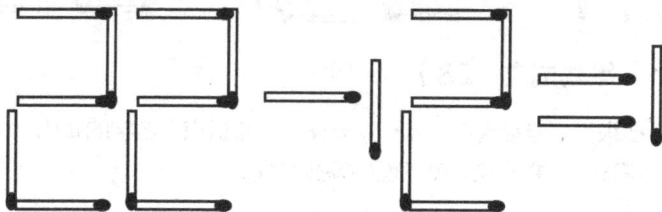

289. 等式成立（26）

初级　难度星级：☆☆☆☆★　知识点：数字的转化
请移动1根火柴，使下面的等式成立。

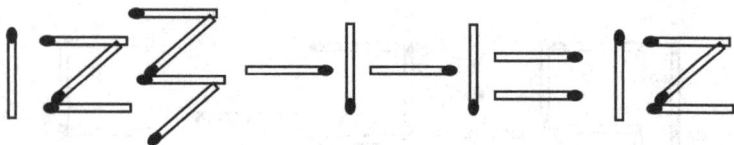

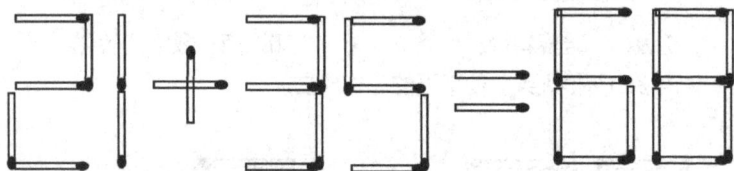

290. 等式成立（27）

初级　难度星级：☆☆☆☆★　知识点：数字的转化
请移动1根火柴，使下面的等式成立。

291. 等式成立（28）

初级　难度星级：☆☆☆☆★　知识点：数字的转化
请移动3根火柴，使下面的等式成立。

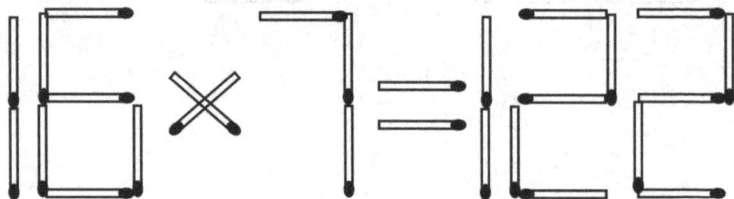

292. 等式成立（29）

初级　难度星级：☆☆☆☆★　知识点：数字的转化
请移动1根火柴，使下面的等式成立。

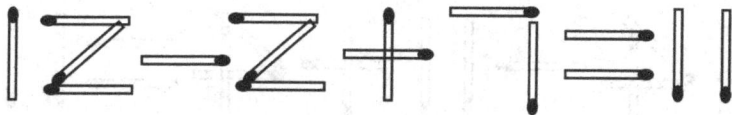

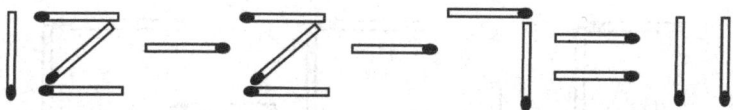

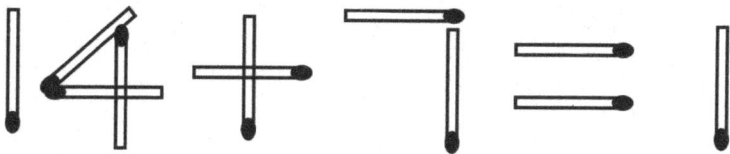

$$12-2+7=11$$

293. 等式成立（30）

初级　难度星级：☆☆☆☆★　知识点：数字的转化
请移动1根火柴，使下面的等式成立。

$$12-2-7=11$$

294. 等式成立（31）

初级　难度星级：☆☆☆☆★　知识点：数字的转化
请移动1根火柴，使下面的等式成立。

$$14+7=1$$

295. 等式成立（32）

初级　　难度星级：☆☆☆☆★　　　知识点：数字的转化

请移动1根火柴，使下面的等式成立。

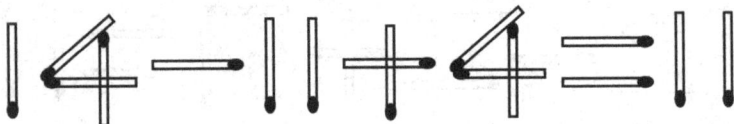

296. 等式成立（33）

初级　　难度星级：☆☆☆☆★　　　知识点：数字的转化

请移动2根火柴，使下面的等式成立。

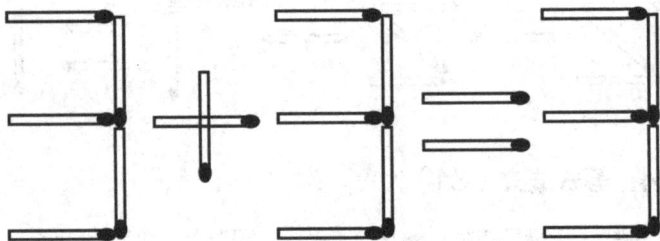

297. 等式成立（34）

中级 难度星级：☆☆★★★ 知识点：数字的转化
请移动 2 根火柴，使下面的等式成立。

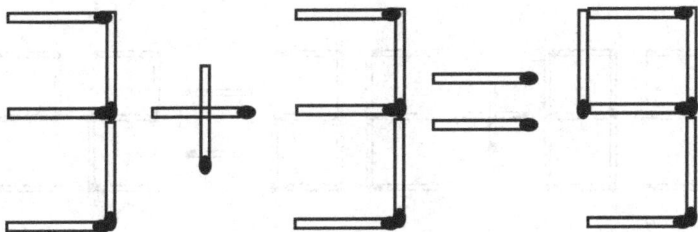

298. 等式成立（35）

初级 难度星级：☆☆☆☆★ 知识点：数字的转化
请移动 1 根火柴，使下面的等式成立。

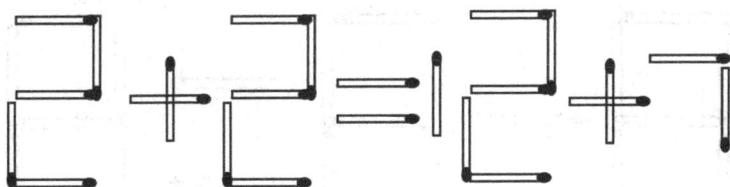

299. 等式成立（36）

中级　　难度星级：☆☆☆★★　　知识点：数字的转化

下面是用火柴摆成的算式，但这个算式是不成立的。你能只移动1根火柴，就使这个等式成立吗（两种方法）？

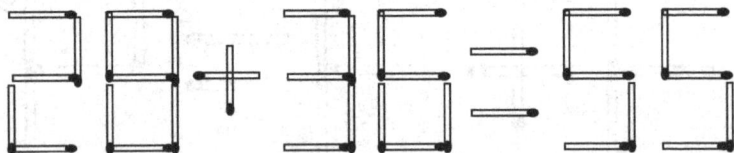

28+36=55

300. 等式成立（37）

中级　　难度星级：☆☆★★★　　知识点：数字的转化

下面是用火柴摆成的算式，但这个算式是不成立的。你能移动2根火柴，就使这个等式成立吗？

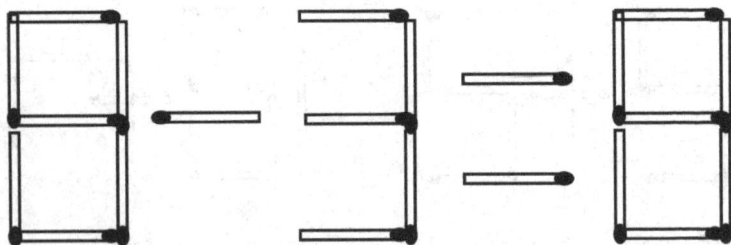

8-3=8

301. 等式成立（38）

中级　　难度星级：☆☆★★★　　知识点：数字的转化

下面是用火柴摆成的算式，但这个算式是不成立的。你能移动 2 根火柴，就使这个等式成立吗？

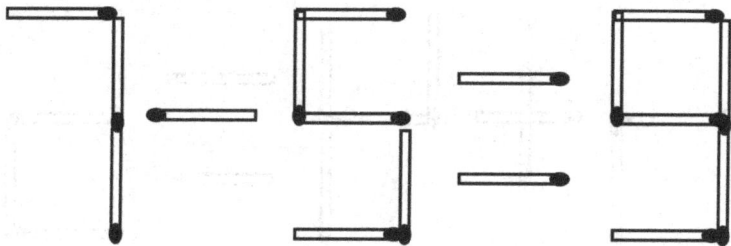

302. 等式成立（39）

中级　　难度星级：☆☆★★★　　知识点：数字的转化

下面是用火柴摆成的算式，但这个算式是不成立的。你能移动 2 根火柴，就使这个等式成立吗？

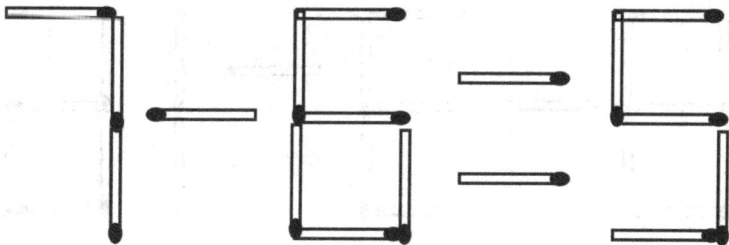

303. 等式成立（40）

中级　　难度星级：☆☆★★★　　知识点：数字的转化

下面是用火柴摆成的算式，但这个算式是不成立的。你能移动2根火柴，就使这个等式成立吗？

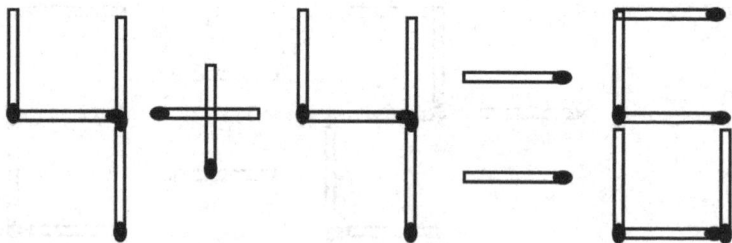

304. 等式成立（41）

中级　　难度星级：☆☆★★★　　知识点：数字的转化

下面是用火柴摆成的算式，但这个算式是不成立的。你能移动2根火柴，就使这个等式成立吗？

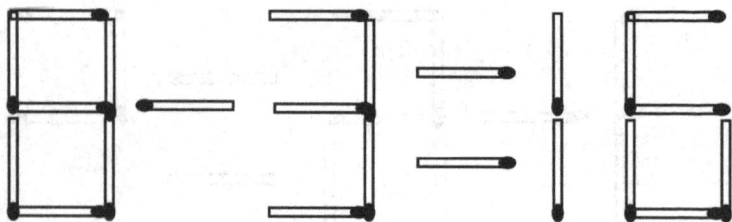

305. 等式成立（42）

中级　　难度星级：☆☆★★★　　知识点：数字的转化

下面是用火柴摆成的算式，但这个算式是不成立的。你能移动2根火柴，就使这个等式成立吗（两种方法）？

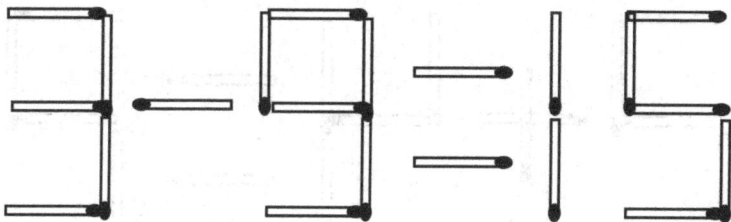

306. 等式成立（43）

中级　　难度星级：☆☆★★★　　知识点：数字的转化

下面是用火柴摆成的算式，但这个算式是不成立的。你能移动2根火柴，就使这个等式成立吗？

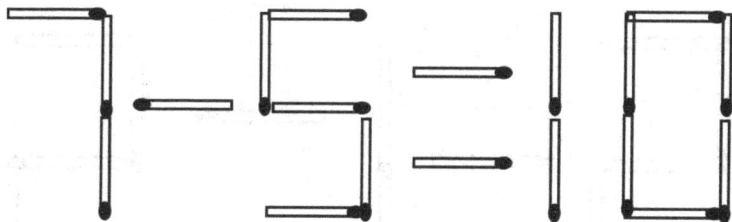

307. 等式成立（44）

中级　　难度星级：☆☆★★★　　知识点：数字的转化

下面是用火柴摆成的算式，但这个算式是不成立的。你能移动2根火柴，就使这个等式成立吗？

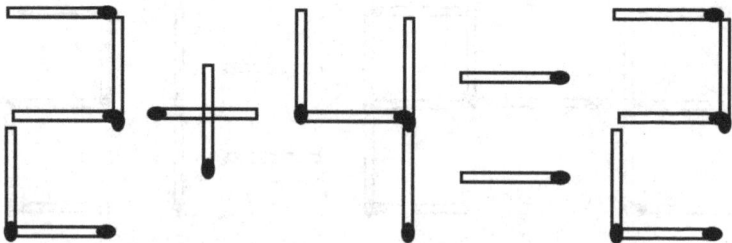

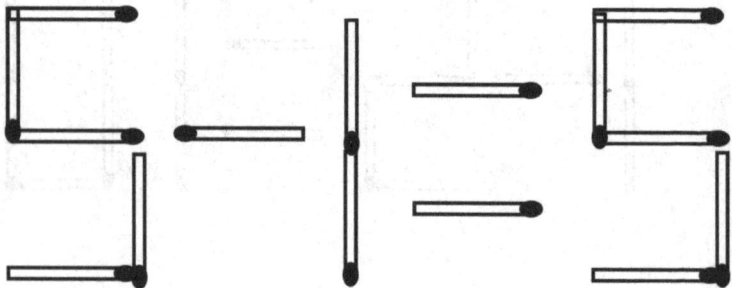

308. 等式成立（45）

中级　　难度星级：☆☆★★★　　知识点：数字的转化

下面是用火柴摆成的算式，但这个算式是不成立的。你能移动2根火柴，就使这个等式成立吗？

309. 等式成立（46）

中级　　难度星级：☆☆★★★　　知识点：数字的转化

下面是用火柴摆成的算式，但这个算式是不成立的。你能移动 2 根火柴，就使这个等式成立吗（两种方法）？

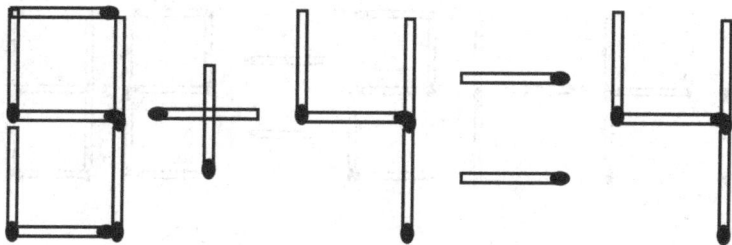

310. 等式成立（47）

中级　　难度星级：☆☆★★★　　知识点：数字的转化

下面是用火柴摆成的算式，但这个算式是不成立的。你能移动 2 根火柴，就使这个等式成立吗？

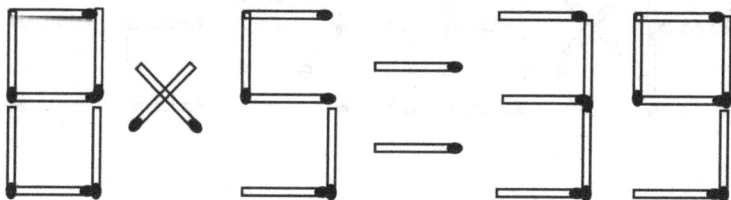

311. 等式成立（48）

中级　　难度星级：☆☆★★★　　知识点：数字的转化

下面是用火柴摆成的算式，但这个算式是不成立的。你能移动2根火柴，就使这个等式成立吗？

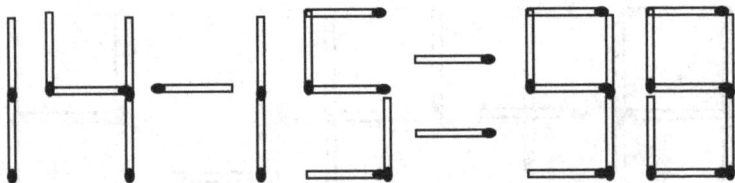

312. 等式成立（49）

中级　　难度星级：☆☆★★★　　知识点：数字的转化

下面是用火柴摆成的算式，但这个算式是不成立的。你能移动2根火柴，就使这个等式成立吗？

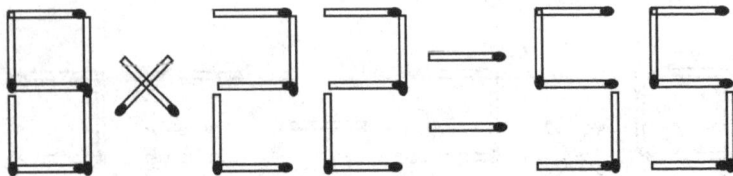

313. 等式成立（50）

中级　　难度星级：☆☆★★★　　知识点：数字的转化

下面是用火柴摆成的算式，但这个算式是不成立的。你能移动2根火柴，就使这个等式成立吗（两种方法）？

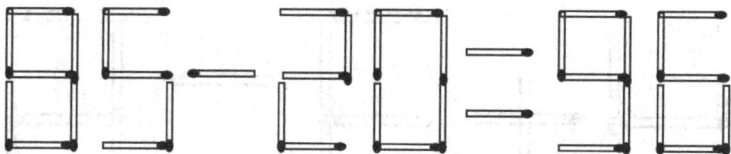

314. 等式成立（51）

中级　　难度星级：☆☆★★★　　知识点：数字的转化

下面是用火柴摆成的算式，但这个算式是不成立的。你能移动2根火柴，就使这个等式成立吗（两种方法）？

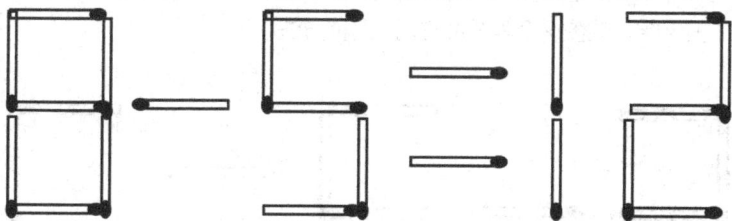

315. 等式成立（52）

中级　　难度星级：☆☆★★★　　知识点：数字的转化

下面是用火柴摆成的算式，但这个算式是不成立的。你能移动2根火柴，就使这个等式成立吗（两种方法）？

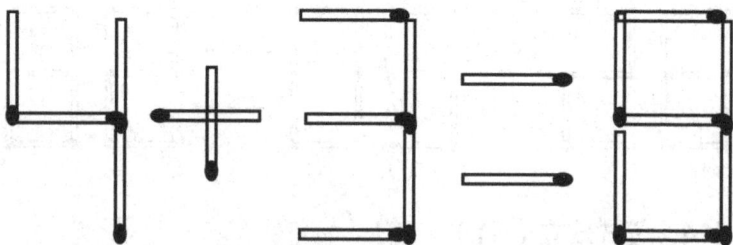

316. 等式成立（53）

中级　　难度星级：☆☆★★★　　知识点：数字的转化

下面是用火柴摆成的算式，但这个算式是不成立的。你能移动2根火柴，就使这个等式成立吗（两种方法）？

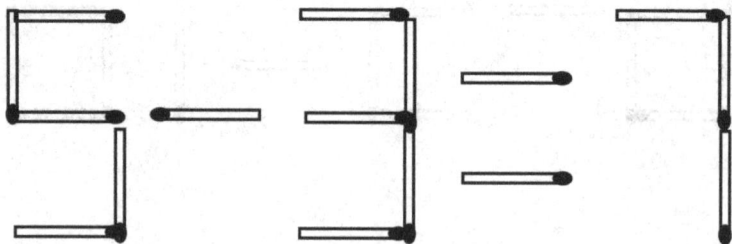

317. 等式成立（54）

中级　　难度星级：☆☆★★★　　知识点：数字的转化

下面是用火柴摆成的算式，但这个算式是不成立的。你能移动2根火柴，就使这个等式成立吗（两种方法）？

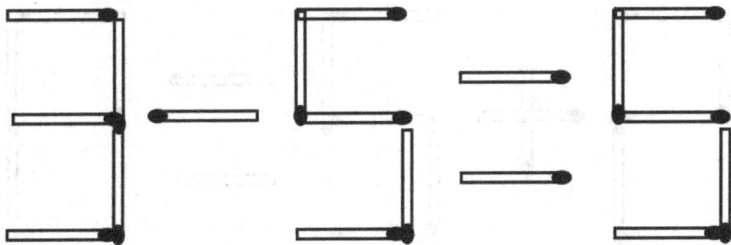

318. 等式成立（55）

中级　　难度星级：☆☆★★★　　知识点：数字的转化

下面是用火柴摆成的算式，但这个算式是不成立的。你能移动2根火柴，就使这个等式成立吗（两种方法）？

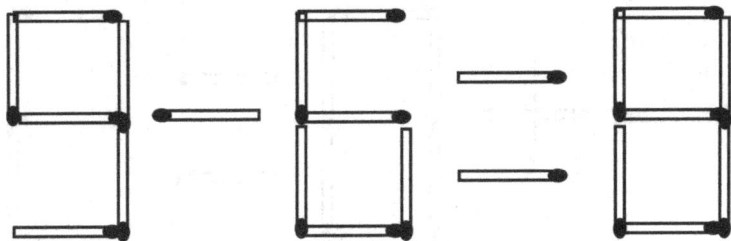

319. 等式成立（56）

中级　　难度星级：☆☆★★★　　知识点：数字的转化

下面是用火柴摆成的算式，但这个算式是不成立的。你能移动2根火柴，就使这个等式成立吗（两种方法）？

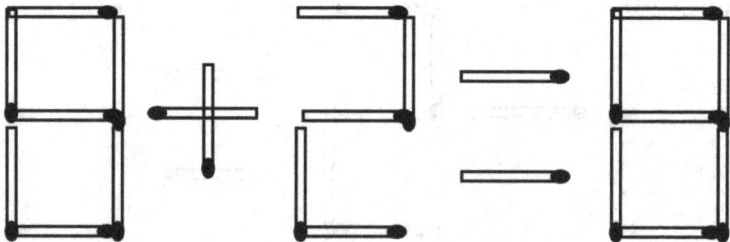

320. 等式成立（57）

中级　　难度星级：☆☆★★★　　知识点：数字的转化

下面是用火柴摆成的算式，但这个算式是不成立的。你能移动2根火柴，就使这个等式成立吗（两种方法）？

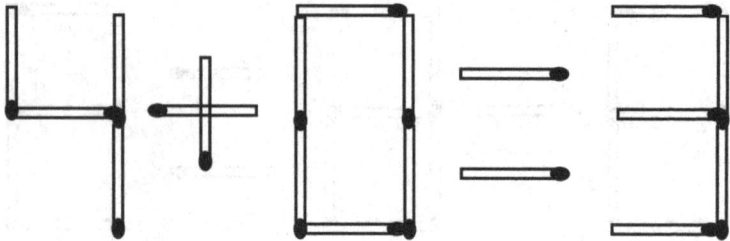

321. 等式成立（58）

中级　　难度星级：☆☆★★★　　知识点：数字的转化

下面是用火柴摆成的算式，但这个算式是不成立的。你能移动2根火柴，就使这个等式成立吗（两种方法）？

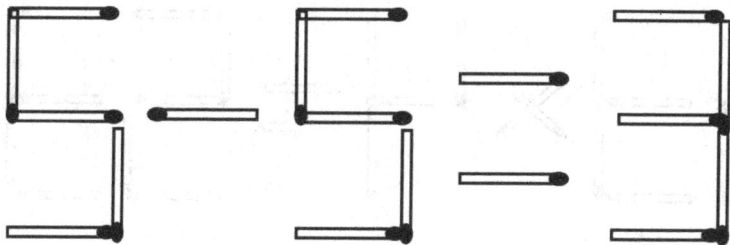

322. 等式成立（59）

中级　　难度星级：☆☆★★★　　知识点：大变小

移动2根火柴，使下面的等式成立。你知道该怎么做吗？

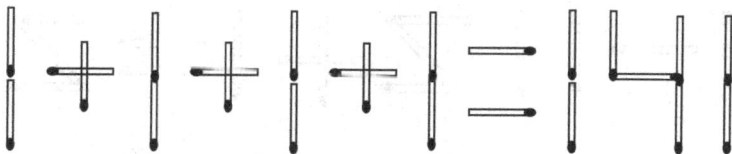

323. 等式成立（60）

中级　　难度星级：☆☆☆★★　　知识点：数字的转化

下面用火柴摆成的算式是错误的。请你移动1根火柴，使等式成立。你知道怎么做吗？

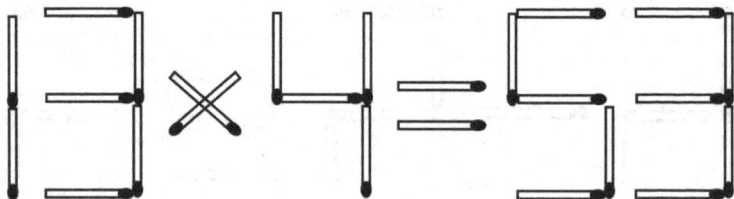

$$13 \times 4 = 53$$

324. 等式成立（61）

中级　　难度星级：☆☆★★★　　知识点：多变少

下面是用火柴棒摆成的算式，但这个算式是不成立的。你能移动2根火柴棒，就使这个等式成立吗？

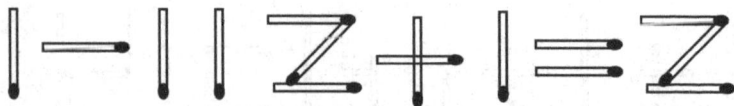

$$1 - 112 + 1 = 2$$

325. 等式成立（62）

初级　　难度星级：☆☆☆☆★　　知识点：数字的转化
请移动1根火柴，使下面的等式成立（三种方法）。

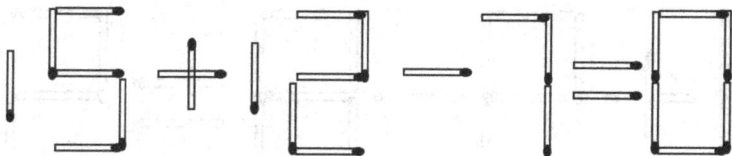

326. 等式成立（63）

初级　　难度星级：☆☆☆☆★　　知识点：数字的转化
请移动2根火柴，使下面的等式成立。

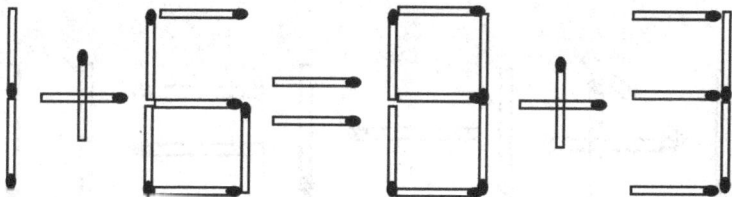

327. 等式成立（64）

初级　　难度星级：☆☆☆☆★　　知识点：数字的转化
请移动 2 根火柴，使下面的等式成立（三种方法）。

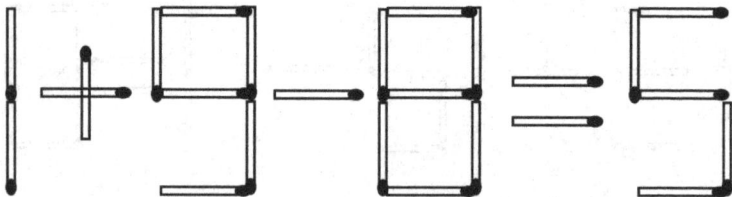

328. 等式成立（65）

中级　　难度星级：☆☆★★★　　知识点：数字的转化
请移动 2 根火柴，使下面的等式成立。

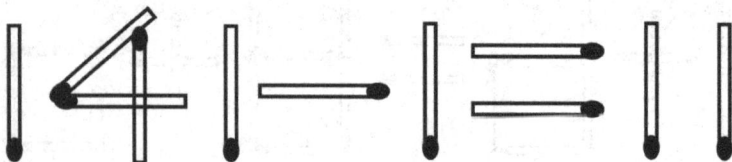

329. 等式成立（66）

中级 难度星级：☆☆★★★ 知识点：数字的转化

请移动1根火柴，使下面的等式成立。

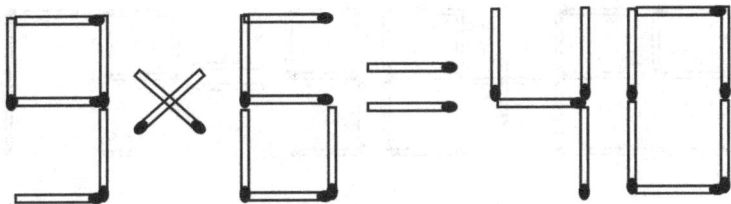

330. 等式成立（67）

中级 难度星级：☆☆★★★ 知识点：数字的转化

请移动3根火柴，使下面的等式成立。

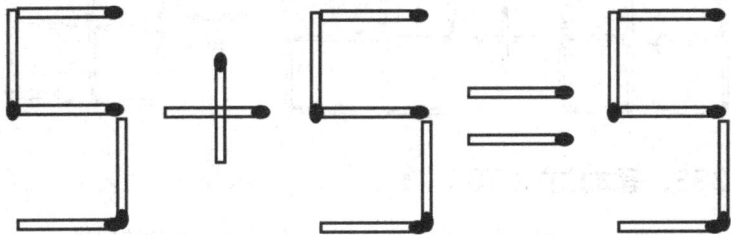

331. 等式成立（68）

中级　难度星级：☆☆★★★　知识点：数字的转化

请移动2根火柴，使下面的等式成立。

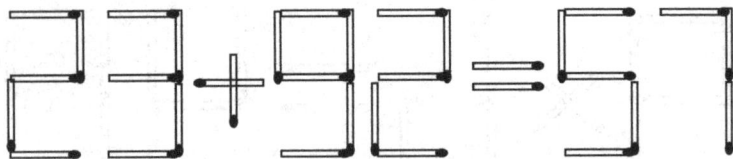

332. 等式成立（69）

高级　难度星级：☆★★★★　知识点：数字的转化

请移动2根火柴，使下面的等式成立（两种方法）。

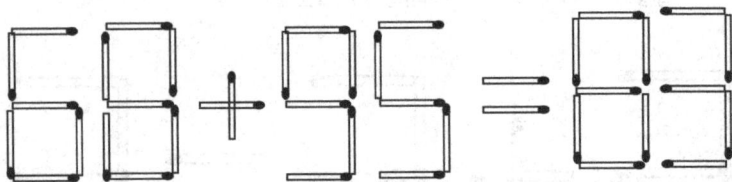

333. 等式成立（70）

中级　难度星级：☆☆★★★　知识点：数字的转化

请移动1根火柴，使下面的等式成立（答案不唯一）。

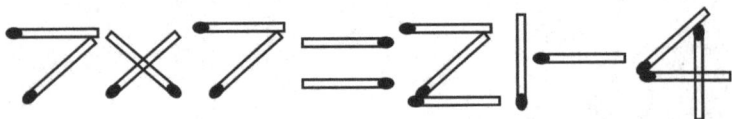

334. 等式成立（71）

中级　　难度星级：☆☆★★★　　知识点：数字的转化

请移动 2 根火柴，使下面的等式成立。

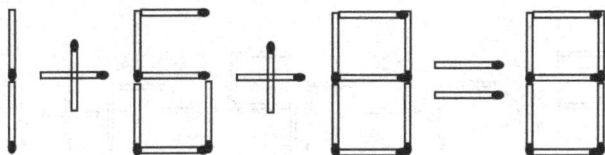

335. 等式成立（72）

中级　　难度星级：☆☆★★★　　知识点：数字的转换

如下图所示，用火柴拼出数字 1，2，3，4，5，6，7，8，9，并在这些数字中间加上运算符号。你发现这些算式是不相等的，请移动下图中的 3 根火柴，使这些等式成立。

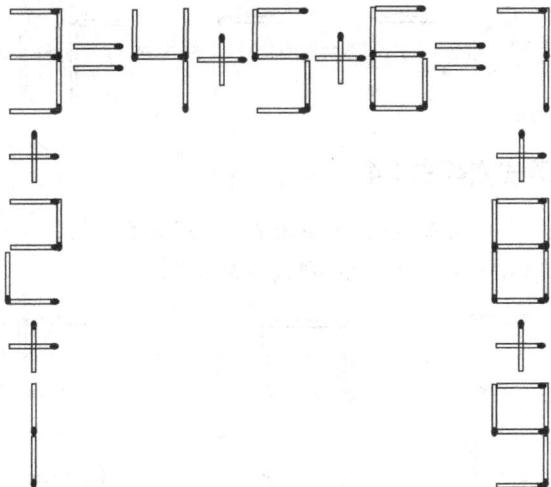

336. 算式变等式（2）

中级　　难度星级：☆☆☆★★　　知识点：等式

在下面由火柴摆成的算式中，请移动1根火柴，使算式成为等式。

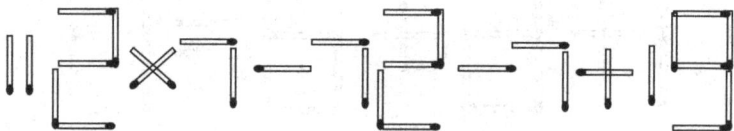

337. 算式变等式（3）

高级　　难度星级：☆★★★★　　知识点：等式

在下面由火柴摆成的算式中，请移动1根火柴，使算式成为等式。

338. 算式变等式（4）

中级　　难度星级：☆☆★★★　　知识点：等式

移动1根火柴，使下面的算式成为等式。

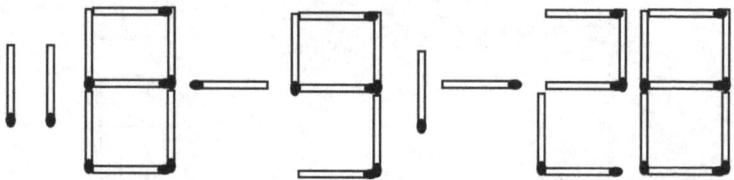

339. 算式变等式（5）

中级　　难度星级：☆☆★★★　　知识点：等式

如下图所示，这是一个用火柴摆成的数学算式，请你移动2根火柴，使它变成等式。

340. 等式成立（73）

初级　　难度星级：☆☆☆☆★　　知识点：数字的转化

下面是用火柴棒摆成的算式，但这个算式是不成立的。你能只移动1根火柴棒，就使这个等式成立吗？

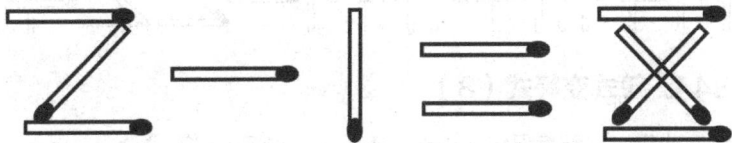

341. 等式成立（74）

初级　　难度星级：☆☆☆☆★　　知识点：数字的转化

下面是用火柴棒摆成的算式，但这个算式是不成立的。你能只移动1根火柴棒，就使这个等式成立吗？

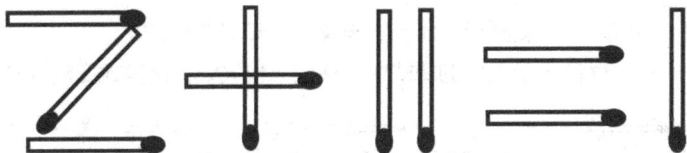

342. 算式变等式（6）

中级　　难度星级：☆☆★★★　　知识点：等式
在下面火柴摆成的算式中，移动2根火柴，使算式变为等式。

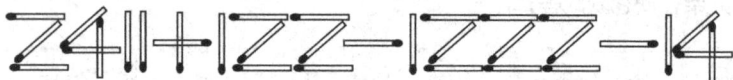

343. 算式变等式（7）

中级　　难度星级：☆☆☆★★　　知识点：等式
在下面由火柴摆成的算式中，移动1根火柴，使算式变成等式。

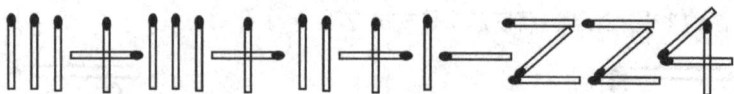

344. 算式变等式（8）

中级　　难度星级：☆☆★★★　　知识点：等式
在下面由火柴摆成的算式中，移动2根火柴，使算式变成等式。

345. 算式变等式（9）

中级　　难度星级：☆☆☆★★　　知识点：等式
在下面由火柴摆成的算式中，移动1根火柴，使算式变成等式。

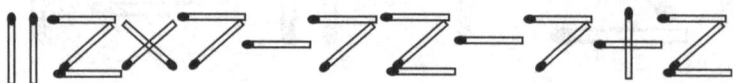

346. 算式变等式（10）

中级　　难度星级：☆☆★★★　　知识点：等式

在下面由火柴摆成的算式中，移动1根火柴，使算式变成等式。

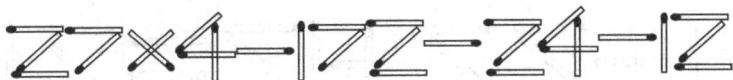

347. 算式变等式（11）

中级　　难度星级：☆☆★★★　　知识点：数字和符号转化

在下面由火柴摆成的算式中，移动1根火柴，使下面的算式成为等式。

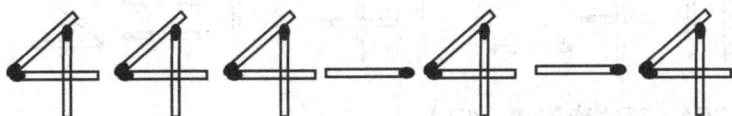

348. 等式成立（75）

中级　　难度星级：☆☆★★★　　知识点：数字和符号转化

在下面的算式中，只能移动1根火柴，让算式成为等式。

349. 等式成立（76）

中级　　难度星级：☆☆★★★　知识点：数字与符号的转化
在下面的算式中，只移动1根火柴，使错误的式子变成正确的算式。

350. 等式成立（77）

中级　　难度星级：☆☆★★★　知识点：数字与符号的转化
在下面的算式中，只移动1根火柴，使错误的式子变成正确的算式。

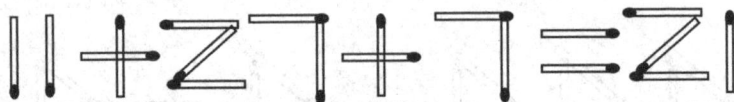

351. 算式变等式（12）

中级　　难度星级：☆☆☆★★　　知识点：等式
移动2根火柴，使算式变成等式。

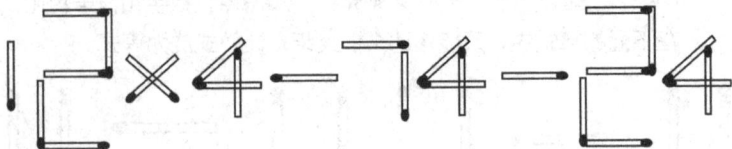

352. 等式成立（78）

中级　　难度星级：☆☆★★★　知识点：数字与符号的转化

在下面的算式中，移动 2 根火柴，使算式变成等式。

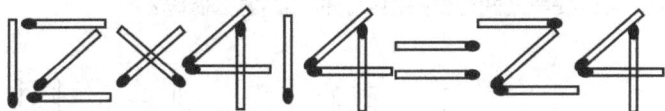

353. 等式成立（79）

中级　　难度星级：☆☆★★★　知识点：数字与符号的转化

下面的算式是用火柴摆成的，等号两边不相等。请移动 1 根火柴，使等号两边相等。

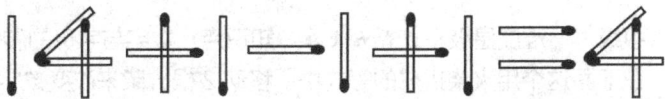

354. 等式成立（80）

中级　　难度星级：☆☆★★★　知识点：数字与符号的转化

下面的算式是用火柴摆成的，等号两边不相等。请移动 1 根火柴，使等号两边相等。

355. 等式成立（81）

初级　　难度星级：☆☆☆☆★　知识点：数字与字母的转化

在下面这个用火柴拼成的等式中，移动 1 根火柴来改变数字或符号，可以使等式两边保持相等。你知道怎么做吗？

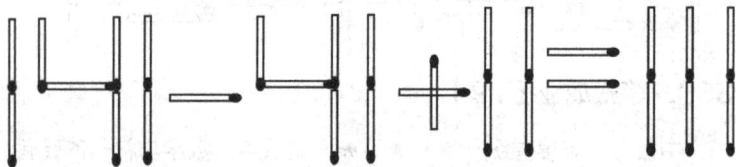

356. 等式成立（82）

中级　　难度星级：☆☆★★★　知识点：数字与字母的转化

在下面这个用火柴拼成的等式中，移动 2 根火柴来改变数字或符号，可以使等式两边保持相等。你知道怎么做吗？

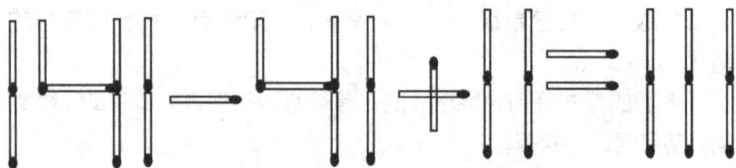

357. 等式成立（83）

高级　　难度星级：★★★★★　　知识点：数字与字母的转化

在下面这个用火柴组成的等式中，移动 3 根火柴来改变数字或符号，可以使等式两边保持相等。你知道怎么做吗？

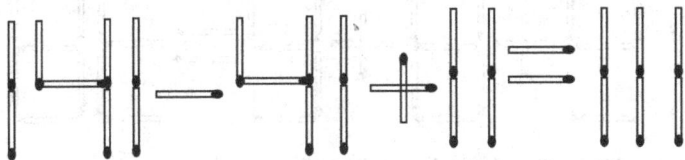

358. 等式成立（84）

中级　　难度星级：☆☆★★★　　知识点：计算法

在下面用火柴摆成的算式中，移动 2 根火柴，使等式成立。

359. 等式成立（85）

中级　　难度星级：☆☆★★★　　知识点：相似的数字

在下面的算式中移动 2 根火柴，使等式成立。

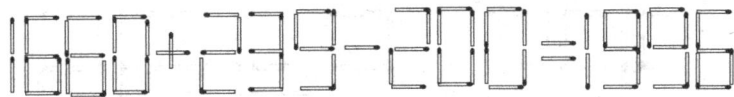

360. 等式成立（86）

中级　　难度星级：☆☆★★★　　知识点：数字"8"

下面的算式是错误的，请移动2根火柴，使它变成正确的等式。

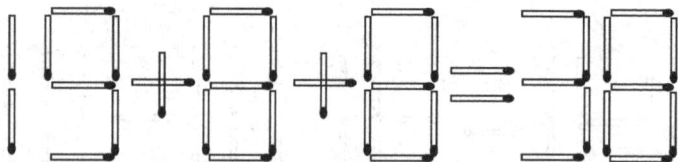

361. 等式成立（87）

中级　　难度星级：☆☆★★★　　知识点：数字的转化

请移动2根火柴，使下面的等式成立。

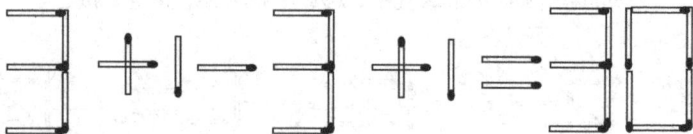

362. 等式成立（88）

高级　　难度星级：★★★★★　　知识点：乘法

下面的算式是错误的，请移动3根火柴，使它变成正确的算式。

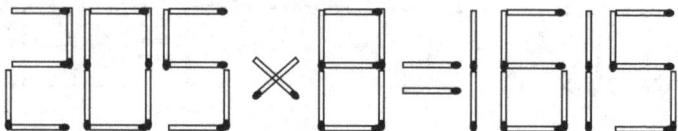

363. 等式成立（89）

中级　难度星级：☆☆★★★　知识点：大数拆分

下面的算式是错误的，请移动1根火柴，使它变成正确的等式。

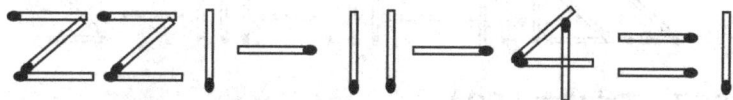

364. 等式成立（90）

中级　难度星级：☆☆★★★　知识点：数字的转化

在下面的算式中移动2根火柴，使等式成立。

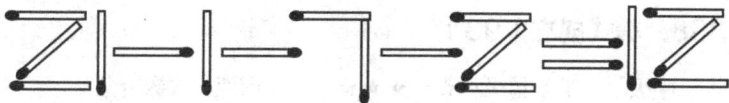

365. 等式成立（91）

中级　难度星级：☆☆★★★　知识点：加符号

下式是用火柴搭成的等式，它是正确的。现在请你移动其中的1根火柴，使其变成另一个成立的等式。

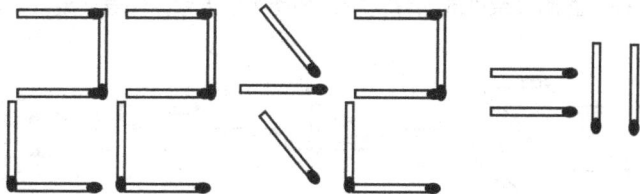

366. 算式变等式（13）

中级　　难度星级：☆☆★★★　　知识点：大数拆分
请你移动下面算式中的1根火柴，使算式变成等式。

367. 等式成立（92）

中级　　难度星级：☆☆★★★　　知识点：大数拆分
在下面用火柴摆成的算式中，移动2根火柴使等式成立。

368. 等式成立（93）

中级　　难度星级：☆☆★★★　　知识点：大数拆分
在下面用火柴摆成的算式中，移动1根火柴，使等式成立。

369. 等式成立（94）

中级　　难度星级：☆☆★★★　　知识点：数字的转化
在下面用火柴摆成的算式中，移动1根火柴，使等式成立。

370. 等式成立（95）

高级　难度星级：★★★★★　知识点：数字与符号的转化
在下面用火柴摆成的算式中，移动 3 根火柴，使等式成立。

245-127=398

371. 等式成立（96）

高级　难度星级：★★★★★　知识点：数字与符号的转化
在下面用火柴摆成的算式中，移动 3 根火柴，使等式成立。

245-137=398

372. 等式成立（97）

高级　难度星级：★★★★★　知识点：数字与符号的转化
请你移动 3 根火柴，使等式成立。

37×78-195=2005

373. 等式成立（98）

高级 难度星级：★★★★★ 知识点：数字与符号的转化
请你移动3根火柴，使等式成立。

$$37 \times 78 - 195 = 2108$$

374. 等式成立（99）

中级 难度星级：☆☆★★★ 知识点：大数拆分
在下面由火柴摆成的算式中，移动2根火柴，使等式成立。

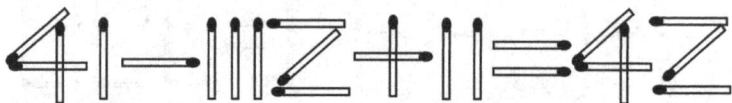

$$41 - 112 + 11 = 42$$

375. 等式成立（100）

中级 难度星级：☆☆★★★ 知识点：数字的转化
这是个不成立的算式，只移动1根火柴，使它成立。你知道怎么移动吗？

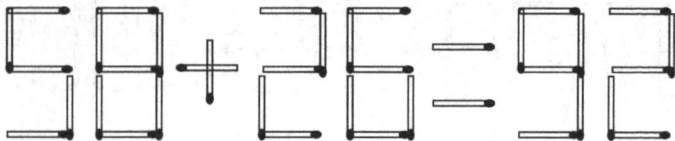

$$58 + 26 = 92$$

376. 等式成立（101）

中级　　难度星级：☆☆★★★　　知识点：数字与符号的转化

淘气的小明动了1根火柴，使原先成立的等式变成下图所示的样子，你知道他动了哪1根吗？

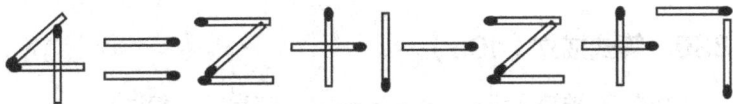

377. 等式成立（102）

中级　　难度星级：★★★★★　　知识点：数字与符号的转化

请你移动3根火柴，使等式成立。

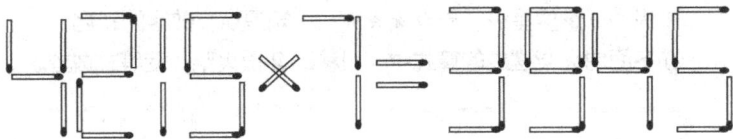

378. 等式成立（103）

中级　　难度星级：☆☆★★★　　知识点：大数拆分

在下面由火柴摆成的算式中，移动1根火柴，使等式成立。

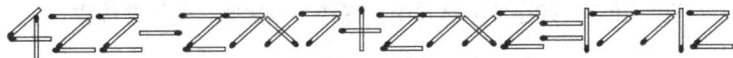

379. 等式成立（104）

中级　　难度星级：☆☆★★★　　知识点：计算法
在下面由火柴摆成的算式中，只移动1根火柴，使等式成立。

$$447 \times 2 - 122 + 2 = 772$$

380. 等式成立（105）

中级　　难度星级：☆☆★★★　　知识点：计算法
在下面由火柴摆成的算式中，只移动1根火柴，使等式成立。

$$472 + 27 \times 2 \times 7 = 44$$

381. 等式成立（106）

中级　　难度星级：☆☆★★★　　知识点：数字的转化
在下面由火柴摆成的算式中，只移动2根火柴，使等式成立。

$$55 \times 25 + 5 = 815$$

382. 等式成立（107）

高级　　难度星级：☆★★★★　　知识点：数字的转化
在下面由火柴摆成的算式中，移动3根火柴，使等式成立。

$$5656 - 56 \times 5 = 6565 - 65 \times 5$$

383. 等式成立（108）

中级　　难度星级：☆☆★★★　　知识点：大数拆分

在下面由火柴摆成的算式中，只移动 2 根火柴，使等式成立。

384. 等式成立（109）

中级　　难度星级：☆☆★★★　　知识点：计算法

在下面由火柴摆成的算式中，移动 1 根火柴，使等式成立。

385. 等式成立（110）

中级　　难度星级：☆☆★★★　　知识点：数字的转化

下面是一个正确的等式，你能移动其中的 3 根火柴，使其成为一个新的等式吗？

386. 等式成立（111）

初级　　难度星级：☆☆☆☆★　　知识点：加符号

下面的算式是用火柴摆成的，算式中等号两边不相等。请移动1根火柴，使等号两边相等。

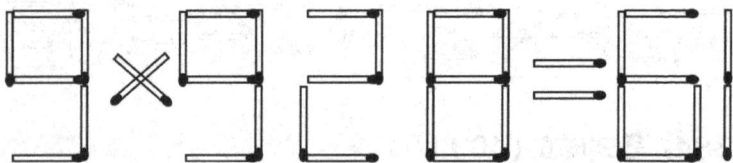

$$9 \times 928 = 61$$

第八章

综合演练

火柴是一种常见的物品，用火柴可以摆出各种有趣的图形、图案、文字、数字、运算符号等，做出许多有趣的游戏。

除了前面介绍的这些火柴游戏的玩法，火柴还可以用来数数，用来抽签，用来搭桥……只有你想不到，没有它做不到！

只要我们仔细观察、好好利用、发散思维、开拓创新，小小的火柴也可以变得很神奇！

玩火柴游戏，不仅可以培养我们的观察能力和动手能力，还能培养我们逻辑思维能力。

别让你的大脑再犯懒了！快来走入智慧的殿堂，体验一场又一场的头脑风暴吧！

387. 最大的数

中级　　难度星级：☆☆☆★★　　知识点：数字的转化

下面是用火柴摆出的一个四位数，移动其中的一根火柴，使它变成另外一个四位数，能摆成的最大的数是多少？

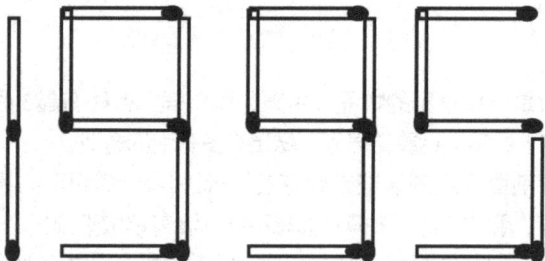

388. 最小的数

中级　　难度星级：☆☆☆★★　　知识点：数字的转化

下面是用火柴摆出的一个四位数，移动其中的一根火柴，使它变成另外一个四位数，能摆成的最小的数是多少？

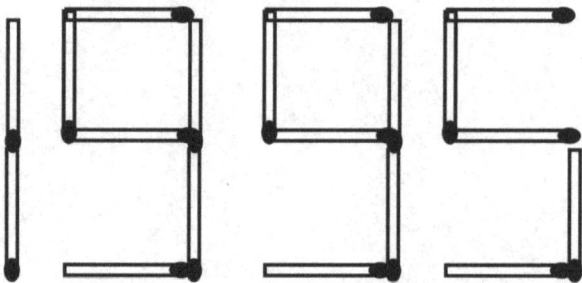

389. 翻身

中级　　难度星级：☆☆★★★　　知识点：位置关系

请把下图中用火柴摆成的图形按箭头方向从上到下翻转过来，你知道翻转后的图形是什么样的吗？

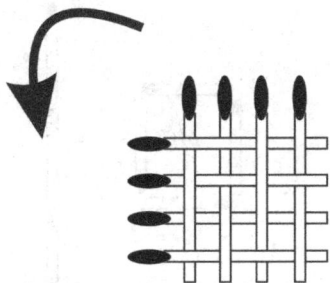

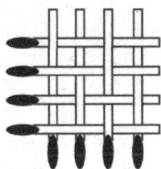

A

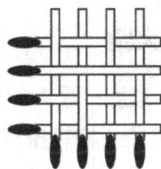

B

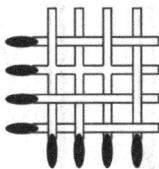

C

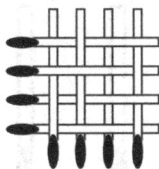

D

390. 搭桥

高级   难度星级：☆★★★★   知识点：几何与物理

下面是座小岛，小岛被水包围。你能用 2 根火柴摆出一座小桥，使小岛与外界相连吗？

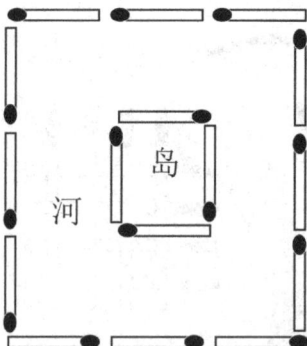

391. 调转火柴

高级   难度星级：★★★★★   知识点：数学

取 9 根火柴，将其排成一行，只有 1 根火柴的头朝上。要求每次任意翻转 7 根火柴，到第 4 次时所有的火柴头都要朝上。试试看，你能做到吗？

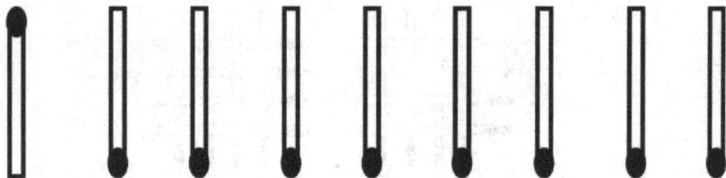

392. 逐步减少（1）

高级　　难度星级：☆★★★★　　知识点：多变少

下图是用12根火柴拼成的6个正三角形。请你移动2根火柴，使图形变成5个正三角形；再动2根火柴，使图形变成4个正三角形……照此方法，怎样才能将图形变为2个正三角形？

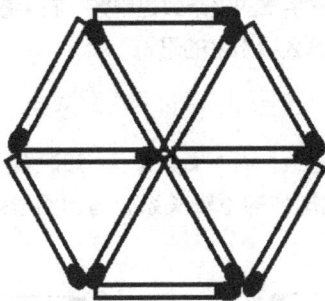

393. 变成六角形

中级　　难度星级：☆☆☆★★　　知识点：对照

用6根火柴，摆成一个如下图所示的三角形。要把这个三角形变成六角形，至少需要移动几根火柴，应该怎样移动？

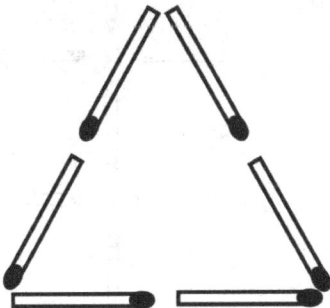

394. 猜单双

中级　　难度星级：☆☆★★★　　知识点：单数与双数

爸爸陪小明玩猜单双的游戏。爸爸先交给小明 5 根火柴，让他藏在背后，分成 2 只手拿着。爸爸要求小明把左手的火柴数乘以 2，右手的火柴数乘以 3，然后把 2 个乘积相加。小明算出结果为 14。爸爸马上猜出小明左手拿的火柴数是单数，右手拿的火柴数是双数。

你知道爸爸是怎么猜出来的吗？

395. 逻辑关系

中级　　难度星级：☆☆★★★　　知识点：找规律

找出下图如此排列的逻辑关系，写出问号处所代表的字母是什么？

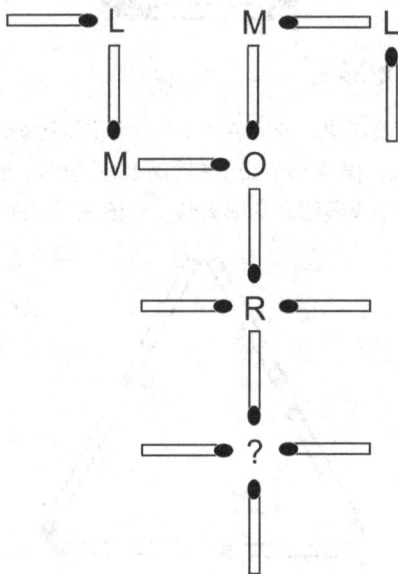

396. 摆数字

中级　　难度星级：☆☆★★★　　知识点：负数

用3根火柴摆成一个最小的数（不许把火柴折断或弯曲），这个数是多少？

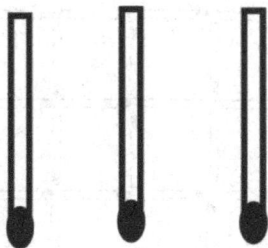

397. 逐步减少（2）

中级　　难度星级：☆☆★★★　　知识点：多变少

下图是一个用火柴摆成的小货车（6个正方形），拿掉其中的2根火柴，可以很轻松地使其变成5个正方形。如果要在先拿掉2根火柴形成5个正方形之后，再拿掉另外2根火柴，使下图变成4个正方形。请问第一步的时候应该先拿掉哪2根火柴？

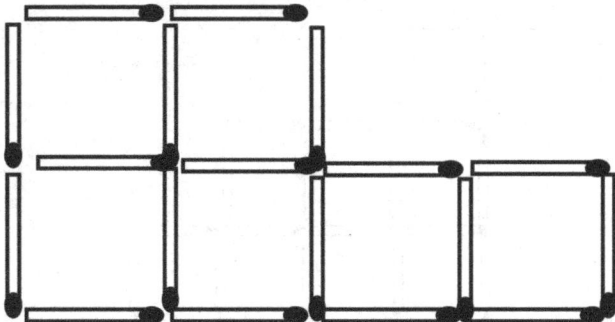

398. 没有正方形（1）

中级   难度星级：☆☆★★★   知识点：图形拆解

下图中有很多正方形，请问至少需要拿走多少根火柴，才能让图中没有正方形呢？

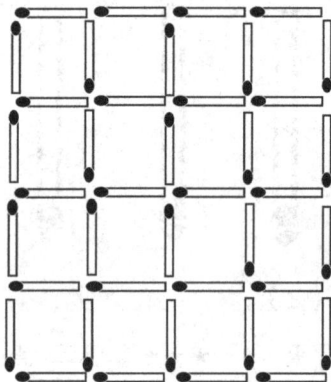

399. 没有正方形（2）

中级   难度星级：☆☆★★★   知识点：图形拆解

在下图中去掉尽量少的火柴，使图中不存在正方形。

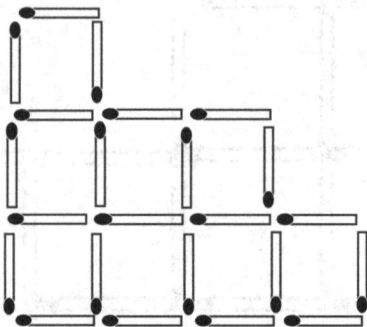

400. 没有正方形（3）

中级　　难度星级：☆☆★★★　　知识点：图形拆解

下图是一个用 22 根火柴组成的图形，最少要去掉几根火柴，才能使余下的图案中不存在正方形。

401. 没有正方形（4）

中级　　难度星级：☆☆★★★　　知识点：图形拆解

在下图中去掉 4 根火柴，使图中不存在正方形。

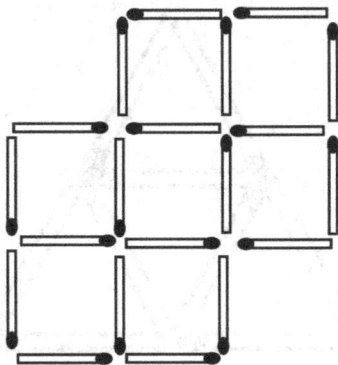

402. 没有正方形（5）

中级　　难度星级：☆☆★★★　　知识点：图形拆解

下图是一个用 12 根火柴组成的图形，最少要拿走几根火柴，才能使余下的图案中不存在正方形？

403. 没有三角形（1）

中级　　难度星级：☆☆★★★　　知识点：图形拆解

下图是由 9 根火柴组成的图形，最少从中拿走几根火柴，才能使余下的图案中没有三角形？

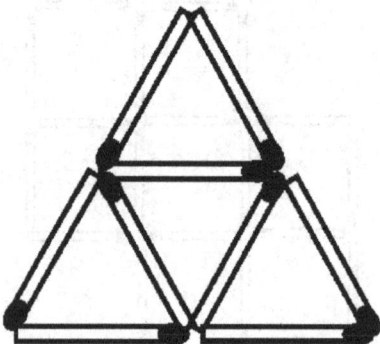

404. 没有三角形（2）

中级　　难度星级：☆☆★★★　　知识点：图形拆解

下图中共有 13 个三角形，请拿掉尽量少的火柴，使图中没有三角形。需要拿掉几根火柴？

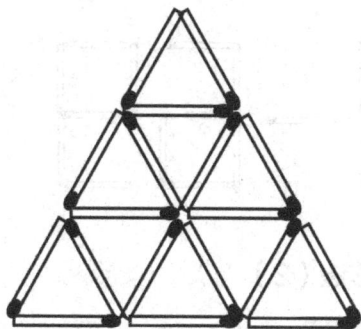

405. 没有三角形（3）

中级　　难度星级：☆☆★★★　　知识点：图形拆解

下图是用火柴组成的图形，最少要从中拿走几根火柴，才能使余下的图案中没有三角形？

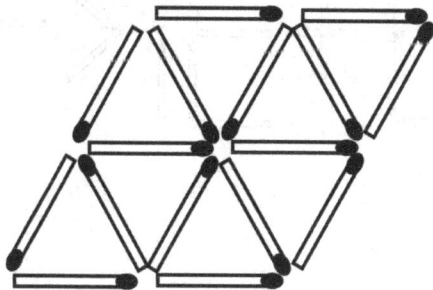

406. 不同的移法（1）

高级　难度星级：☆★★★★　知识点：数字的转化

下面是个不正确的不等式，请移动其中1根火柴，使不等式成立。尽可能找到多种移动方法。

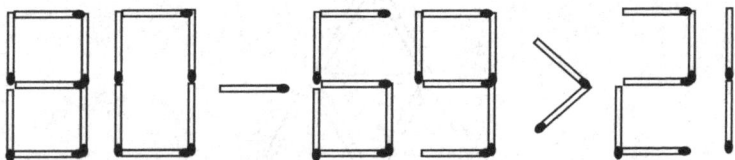

407. 不同的移法（2）

高级　难度星级：☆★★★★　知识点：数字的转化

下面是个不正确的不等式，请移动其中1根火柴，使不等式成立。请尽量找出多种移法。

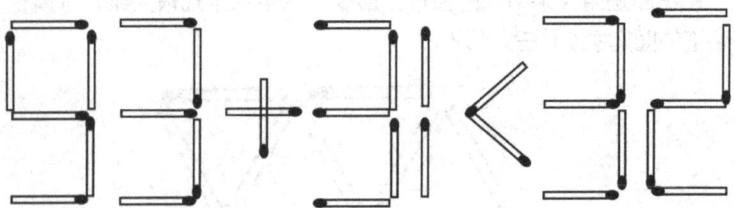

408. 不等式反向

中级　　难度星级：☆☆★★★　　知识点：数字与符号的转化

这个不等式是正确的，请移动2根火柴，使下面的不等式反向，且仍然正确。

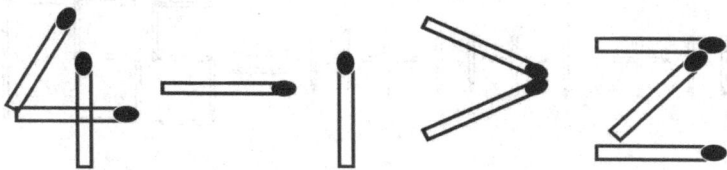

409. 火柴摆年份

初级　　难度星级：☆☆☆☆★　　知识点：常识

下面的算式是用火柴摆成的，算式的等号两边不相等。请移动2根火柴，使这个算式的和变为1949。

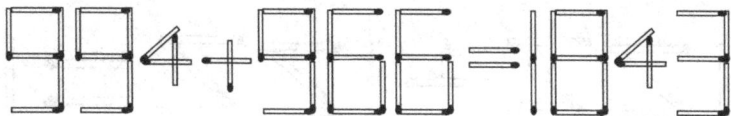

410. 八个1

高级　　难度星级：☆★★★★　知识点：数字与符号的转化

试一试，最少移动几根火柴，才能使下面的等式成立。

$$11+11+11+11=227$$

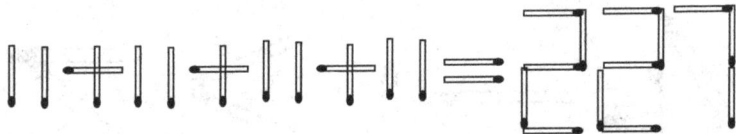

411. 最少的移法

中级　　难度星级：☆☆☆★★　　知识点：数字的转化

下图是用火柴摆成的数学式子，虽然里面有个等号，但实际上两边并不相等。请问至少需要移动几根火柴，才能使它变成正确的等式？

$$1233+1233=1$$

412. 数学式子

中级　难度星级：☆☆☆★★　知识点：数字的转化

下图是用火柴摆成的数学式子，虽然里面有个等号，但实际上两边并不相等。请移动最少的火柴，使它变成正确的等式。

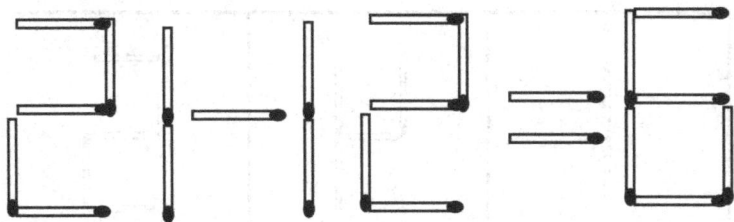

413. 都成立

初级　难度星级：☆☆☆☆★　知识点：数字的转化

请你只移动1根火柴，使下面的两个等式都成立。

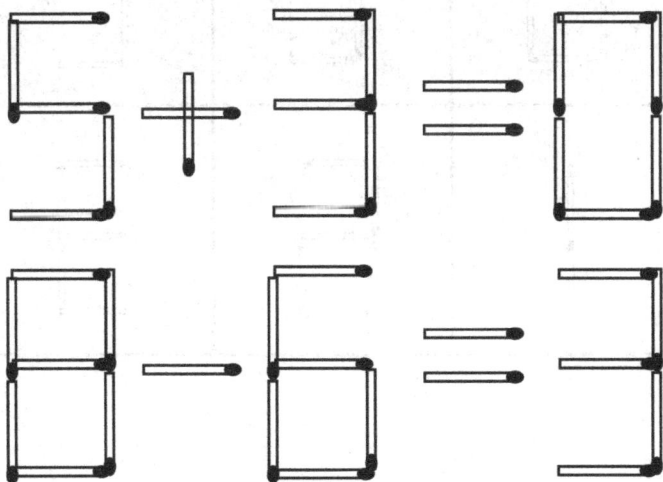

414. 九宫格

中级　　难度星级：☆☆★★★　　知识点：计算法

　　下面方格里的数字，都是用火柴组成的。请你移动其中的1根火柴，使每一横行和竖行里的数字相加的和都相等。

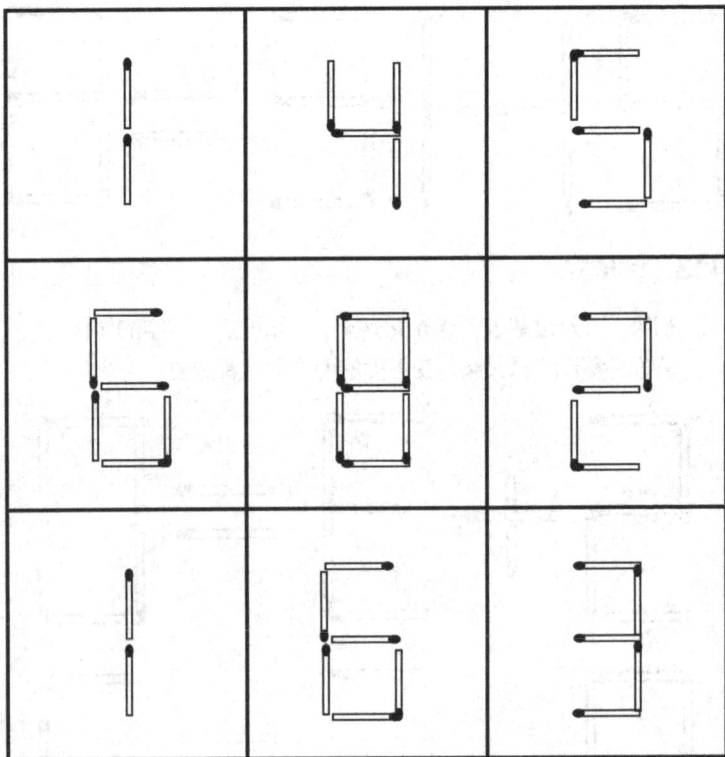

415. 怎么排列?

中级   难度星级: ☆☆★★★   知识点: 重复利用

在下图所示的方格内，加上 1 根火柴，并重新排列，使每边 3 个格子内的火柴数之和仍然是 6，怎么做?

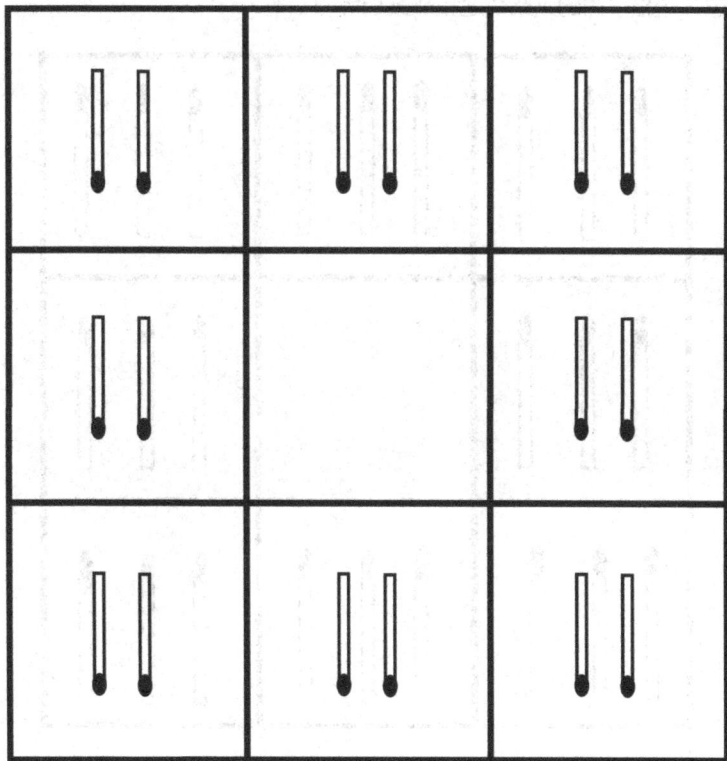

416. 都等于9

中级　　难度星级：☆☆★★★　　知识点：重复利用

　　在下图中，有24根火柴，且正方形每边3个格子内的火柴数之和都等于9。现在拿掉4根火柴，并重新排列，你能让正方形每边3个格子内的火柴数之和或乘积等于9吗？

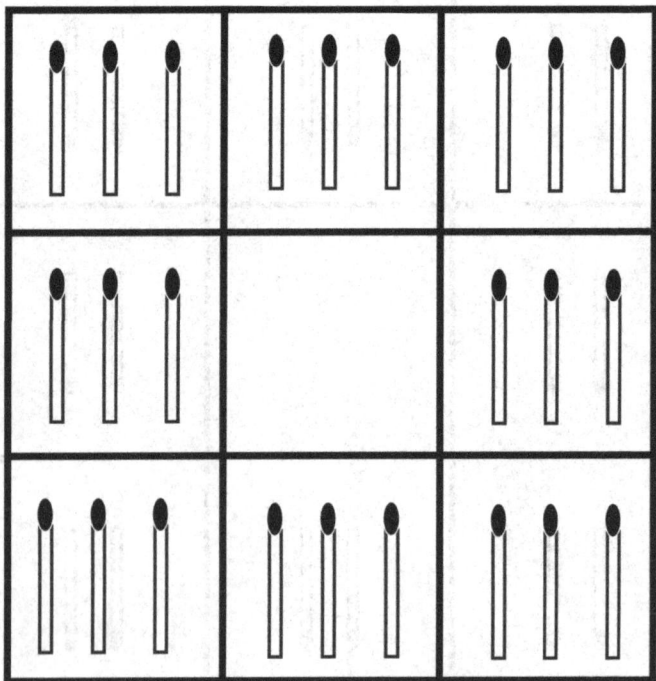

417. 火柴方向

中级　　难度星级：☆☆☆★★　　知识点：找规律

下图中的方格里丢失了 2 根火柴，请根据已有的火柴摆放规律，把它们补齐。

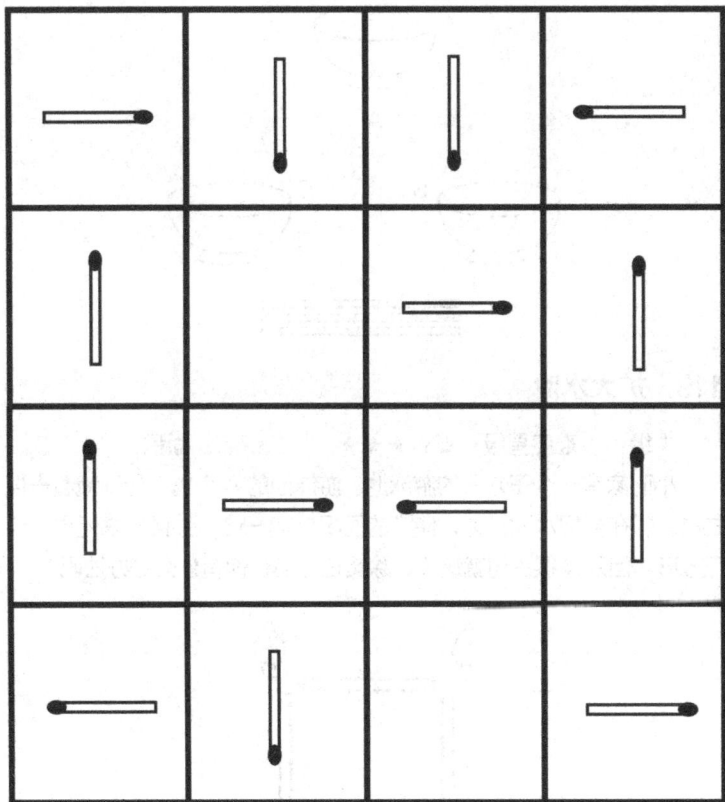

418. 火柴搭桥

中级　　难度星级：☆☆★★★　　知识点：相互利用

下图是 3 根特制的长火柴以及 3 个碗，每两个碗之间的距离都大于火柴的长度，3 个碗之间怎样才能用火柴相互连接起来？

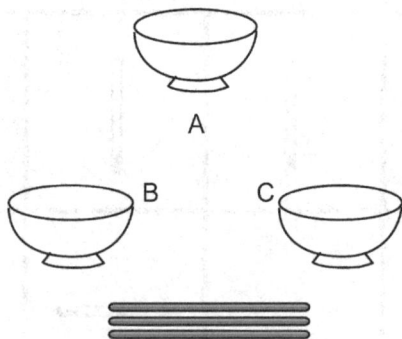

419. 扩大水池

中级　　难度星级：☆☆★★★　　知识点：面积

小明家有一个正方形的游泳池。游泳池的 4 个角上分别栽着一棵古树。现在要把水池扩大，使它的面积增加一倍，并且要求还是一个正方形。但是 4 棵古树就这样铲除实在可惜，你有什么好办法吗？

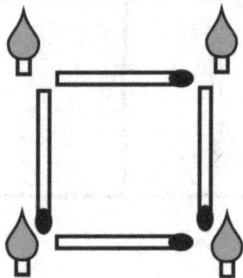

420. 取火柴游戏

高级　　难度星级：☆★★★★　　知识点：策略

晶晶和春春在玩儿一个取火柴游戏。游戏规则很简单：两个人轮流从 35 根火柴中取火柴，每次可以取 1 根、2 根、3 根或者 4 根，一个人取完另一个人接着取，每次也是只能取 1 根、2 根、3 根或者 4 根。接下来再由第一个人接着取，如此轮流下去，谁取到最后一根谁胜。

晶晶很大度，每次都让春春先取，但每次都是她胜。你知道晶晶有什么必胜的策略吗？

421. 花瓣游戏

高级　　难度星级：☆★★★★　　知识点：策略

用 13 根火柴围城一圈，组成一个花朵的形状，每根火柴代表一片花瓣。两个人轮流去摘花瓣。每个人一次只可以摘一片或者相邻的两片花瓣，谁摘到最后的那片花瓣谁就是赢家。

有一个聪明的小姑娘，她发现只要使用一种技巧，就可以在这个游戏中一直获胜。

那么，这个获胜的人是先摘的人还是后摘的人？需要用什么技巧呢？

422. 抓火柴

高级　　难度星级：☆★★★★　　知识点：策略

有 5 个海盗，抢得一份财宝，5 个人一起分的话每个人得到的宝物有限，所以他们决定抽签。首先他们按 1 ~ 5 号的顺序在装有 100 根火柴的袋子中抓火柴，每人至少抓一根，多者不限。但是抓得最多和最少的人将被取消分宝物的资格，而且，他们之间不能交流。但在一个人抓的时候，可以摸出袋子里剩下的火柴数。

（1）他们都是很聪明的人。

（2）他们的原则是先求保住自己的资格，再去尽可能多地取消别人分宝物的资格。

（3）100根不必都抓完。

（4）若有重复的情况，不管是不是最大最小，都一并取消分宝物的资格。

问他们中谁能够分到宝物的概率最大？

423. 猜火柴

高级   难度星级：☆★★★★   知识点：策略

一位魔术师在舞台上表演魔术。他将一盒火柴交给观众，然后背过身去，请观众按他的口令去做。

（1）在桌上摆3堆火柴，每堆火柴的根数要相等（假如3堆，每堆都是15根），但是不要告诉魔术师。

（2）从第2堆拿出a根火柴（比如4根）放到第1堆里。

（3）从第3堆火柴中拿出b根火柴（比如8根）放在第1堆里。

（4）数一下第2堆还剩下多少根火柴，（本例中还有11根火柴），就从第1堆火柴中取出与第2堆相同数量的火柴数放在第3堆。

（5）从第2堆中拿出c根火柴（比如5根）放在第1堆中。

这时，魔术师转过身来，说："我知道现在第1堆里还剩多少根火柴，是21根，对不对？"观众数了一下，果然是21根。

其中有什么诀窍呢？

424. 找出重火柴

高级   难度星级：☆★★★★   知识点：策略

有8根外表一样的火柴，其中有1根略微重一些。找出这根重的火柴唯一方法是将这些火柴放在天平上对比。请问最少要称多少次才能找出这根较重的火柴?

425. 巧辨火柴

高级　　难度星级:　☆★★★★　　知识点: 策略

有 12 根火柴和 1 个天平,现知道有 1 根火柴和其他的火柴重量不同,但并不知道这根火柴比其他的火柴轻还是重,问怎样称才能称 3 次就找到那根不一样的火柴。